AUX
ALSACIENS ET AUX LORRAINS

L'OFFRANDE

PAR

LA SOCIÉTÉ DES GENS DE LETTRES

Ornée d'une eau-forte par RAJON : *L'ALSACE*,
DE A. HENNER

Force n'est pas droit.

LIBRAIRIE
de la
SOCIÉTÉ DES GENS DE LETTRES
5, RUE GEOFFROY-MARIE 5
PARIS

1873

L'OFFRANDE

L'OFFRANDE

Édition de luxe, format in-8

Exemplaires d'amateur numérotés sur papier vergé de Hollande. Prix, 20 fr.

Dessins de MM. A. HENNER et C. MARCHAL. Eeaux-fortes de A. FLAMENG et RAJON.

Paris. — Impr. Gauthier-Villars, quai des Augustins, 55

AUX
ALSACIENS ET AUX LORRAINS

L'OFFRANDE

PAR

LA SOCIÉTÉ DES GENS DE LETTRES

Ornée d'une eau-forte par Rajon : *L'ALSACE*,
De A. Henner

Force n'est pas droit.

LIBRAIRIE
de la
SOCIÉTÉ DES GENS DE LETTRES
5, RUE GEOFFROY-MARIE 5
PARIS
—
1873

COMITÉ

DE LA

SOCIÉTÉ DES GENS DE LETTRES

Séance du 14 octobre 1872 (Extrait du procès-verbal).

Le Comité,

Considérant qu'il y a lieu de contribuer à la Souscription ouverte en faveur des Alsaciens et des Lorrains ;

Que l'offrande intellectuelle est la forme la plus élevée sous laquelle la Société puisse donner son concours ;

Décide :

La Société des Gens de Lettres *éditera et vendra un Livre composé spécialement par elle, au profit de la Souscription.*

A MESSIEURS LES MEMBRES

DE LA

SOCIÉTÉ DES GENS DE LETTRES

Mes chers Confrères,

Rien ne m'est plus pénible que ce que vous me commandez. En prenant la plume pour vous obéir, car certes vous avez le droit d'exiger qu'on fasse pour nos réfugiés tout ce qu'il est possible de faire, je ne sais pas encore si je parviendrai à vous dire quelque chose d'utile et de bon.

Il est des douleurs dont ne se relèvent pas aisément certaines natures, et je suis de celles qui ont besoin d'espérance. Devant un désastre comme la perte de nos deux nobles et vaillantes sœurs, l'Alsace et la Lorraine, à quel espoir prochain se rattacher? Je ne sais pleurer qu'en secret, car les preuves de découragement sont funestes, la douleur est contagieuse ; il ne faut la montrer que quand elle peut réveiller le courage et rendre l'indignation féconde.

Que faire ici ? Nos justes colères ne peuvent qu'aggraver le sort de ceux que le devoir enchaîne encore au sol des provinces conquises. Ceux-ci nous intéressent aussi profondément que les héroïques émigrants à tout prix.

Dirai-je que leur situation morale me paraît encore plus navrante ? J'en sais qui ont subi l'horrible nécessité de l'option allemande avec un véritable héroïsme, comme des martyrs dévoués volontairement au pire supplice. Je sais un pasteur protestant — [1], auteur de nombreuses publications où le plus pur sentiment religieux s'exprime avec la simple et véritable éloquence du cœur, père d'une nombreuse famille, entouré du respect et de la tendresse de son église — qui, au moment de partir, s'est sacrifié. Il est resté pour soutenir et consoler ceux qui, ne pouvant le suivre, l'ont retenu par leur cri de douleur.

Et combien d'autres ont agi en ce sens ! Quel déchirement pour ceux qui restent ! Toute famille brisée, tout foyer dégarni, toute intimité rompue, toute étude locale abandonnée, tout travail stérilisé ! et le contact inévitable, incessant avec le vainqueur insolent, attristé ou aigri lui-même et comme honteux au milieu de cette désertion ! J'ai vécu à Venise, à une époque où nulle

---

[1]. M. Leblois, pasteur au Temple neuf de Strasbourg.

espérance de salut n'apparaissait encore. Je me rappelle la morne tristesse de la cité déchue. Hélas! ces jours de deuil commencent pour nos frères.

Leur parlerons-nous de revanche? Il n'en faut pas parler à cette heure de désolation. Le joug qui courbe tant de nobles fronts serait rendu plus lourd et plus serré par des mains brutales; c'est presque en secret, dans le secret de nos cœurs, qu'il nous faut rêver de meilleures destinées pour la France, aujourd'hui paralysée par l'antagonisme des idées et l'ambition des partis rétrogrades.

Vous voyez, je ne dis rien, je ne sais rien dire. Mon cœur est comprimé dans un étau et je ne veux pas qu'il éclate. Je cherche dans la famille et dans l'étude l'aliment moral qui, seul, soutient la vieillesse; mais quand les spectres de l'Alsace et de la Lorraine se dressent devant moi, la nuit m'enveloppe et ma main n'écrit plus. Dirai-je à ces victimes ce que je puis me dire à moi-même, qui n'ai perdu ni mon toit, ni mes enfants : « Contentez-vous de peu, regardez la nature, vivez de l'affection de vos proches? » Eh! mon Dieu, ils ont tout perdu, ces malheureux qui viennent se jeter dans nos bras, et, devant leur infortune sans remède, tout bonheur domestique, tout recueillement intime, toute jouissance d'artiste nous paraissent illégitimes; c'est comme une usurpation que notre destinée a faite sur la leur, comme une meilleure part que nous ne méritions pas, et ce pain qui nous est resté nous semble amer.

Et pendant que ces choses se passent, pendant que

des populations entières fuient la flétrissure de l'étranger et que des centaines de mille émigrants livrent leur existence au hasard, sur la terre française, l'idée monarchique travaille à nous ôter la liberté sociale et politique, sans laquelle nous ne recouvrerons jamais la liberté nationale pour nos frères brisés et pour nous-mêmes !

Je ne veux pas parler de cela non plus, je ne le dois pas; votre livre est un appel à tous les cœurs, et, dans tous les partis, il y en a un grand nombre qui sont brisés, et qui veulent s'unir à nous pour offrir l'hospitalité du dévouement aux victimes de l'invasion.

George Sand.

ALSACE & LORRAINE

O le rêve insensé que font ces misérables !
De qui parlez-vous là ? Des rois. Jours exécrables !
Jours que de noirs essaims d'Euménides suivront !
Terre et cieux ! que mon nom, synonyme d'affront,
Soit maudit, que ma main se sèche et se flétrisse
Si jamais se taisait ma voix accusatrice !
Temps hideux ! Voilà donc comment ces meurtriers,
Éclaboussés de sang du casque aux étriers,
Ivres d'orgueil, de bruit, de clairons, de bannières,
Traitent les nations, leurs pâles prisonnières !
César brille, une flamme affreuse l'empourprant ;
On coupe par morceaux les peuples. On en prend
Ce qu'on veut, ce qui plaît, le bras, le cœur, la tête.
On est un tas d'oiseaux de proie et de tempête

Se ruant sur l'auguste et sombre genre humain.
On est les chefs de l'ombre et l'on a dans la main
Les rênes des chevaux du sépulcre, on excite
De la voix tous les chiens monstrueux du Cocyte,
Grant, Bismark et Gladstone et Bancroft l'aboyeur;
Cette prostituée inepte, la Frayeur,
Mère des lâchetés, vous aide épouvantée ;
Et pour tuer Paris, ô tentative athée !
Comme jadis Xerxès contre Léonidas,
On pousse la marée horrible des soldats,
On gonfle le flot noir des légions sinistres;
On est les dieux, ayant les démons pour ministres,
Et quand on a commis tous ces crimes, on va
Remercier ce spectre idiot, Jéhovah !
Puis on chante et l'on rit, sans voir que cette fête,
Où manque le vrai Dieu, déplaît au vrai prophète,
Et que le justicier, Juvénal, d'Aubigné,
Tacite, est là qui rêve et regarde indigné.
On enterre l'argent pillé, les deux provinces,
Les morts ; on a la joie effroyable des princes;
On se visite, on s'offre un régiment, on est
Plus souriant que n'est épineux le genêt,
On traîne aux bals charmants ses royales paresses,
Et l'on se fait, de tigre à tigre, des caresses.
Quant au sang, laissez-le couler, c'est un torrent.
Et cependant on a des sophistes dorant
Ces gloires, ces traités haineux, cette infamie.
Une belle captive est une belle amie,

Pourvu qu'elle comprenne et se calme ; fermons
L'outre des vents soufflant sur les mers et les monts ;
Que du drame sanglant sorte l'idylle agreste,
Paix ! quand on a tout pris, on peut laisser le reste.
Bonheur ! concorde ! Plus de courroux ! plus d'effroi !
Et l'on dit à la France : Allons, apaise-toi,
C'est fini, France. — Eh quoi, de ma mémoire amère
J'effacerais Strasbourg et Metz ! dit cette mère,
Ah ! j'oublierais plutôt mes deux seins arrachés !

Non, nous n'oublierons pas ! Rois, ce que vous cherchez,
Le butin, puis la paix dans la forêt déserte,
Ce que vous attendez, vous ne l'aurez pas, certe ;
Mais ce que vous aurez, vous ne l'attendez pas ;
C'est le gouffre. Avancez dans l'ombre pas à pas,
Allez, marchez. Toujours, derrière la victoire,
L'avenir, livre obscur, réserve pour l'histoire
Un feuillet, noir ou blanc, qu'on nomme le revers.
Les naufrages profonds devant vous sont ouverts.
Allez, hommes de nuit. Ah ! vous êtes superbes,
Vous régnez ! ô faucheurs, vous pliez sous vos gerbes
De cadavres, de fleurs, de cyprès, de lauriers,
Conquérants dont seraient jaloux les usuriers !
Mais vous comptez en vain, voleurs de ma Lorraine[1],

---

[1]. On sait que la famille Hugo est lorraine.

Sur mon peu de mémoire et sur mon peu de haine,
Je suis un, je suis Tous, et ce que je vous dis,
Tous les cœurs furieux vous le disent, bandits !
Non, nous n'oublierons pas ! Lorraine, Alsace, ô villes,
O chers Français, pays sacrés, soyez tranquilles,
Nous ne tarderons point. Le glaive est prêt déjà
Que Judith pâle au flanc d'Holopherne plongea ;
Eternel souvenir ! Guerre ! Guerre ! Revanche !

Ah ! ton peuple vivra, mais ton empire penche,
Allemagne. O révolte au fond du tombeau sourd !
O tocsin formidable au clocher de Strasbourg !
Ossements remués ! dressement de fantômes !
Czars, princes, empereurs, maîtres du monde, atomes,
Comme ces grands néants s'envolent dans la nuit !
Comme l'éternité des rois s'évanouit !
Des hommes, jeunes, vieux, hurlant ; des paysannes,
Des paysans, ayant des faux pour pertuisanes,
Ah ! le jour de la lutte, il en viendra plus d'un !
Metz imitera Lille, et Strasbourg Châteaudun ;
Vos canons contre vous retourneront leurs gueules,
Les pierres se mettront en marche toutes seules
Et feront des remparts contre vous, et les tours
Vous chasseront, hiboux, milans, corbeaux, vautours !
On verra fourmiller le gouffre des épées ;
Alors revivra, fière, au vent des épopées,

La Révolution debout, le sabre au poing ;
Et pâles, vous de qui l'avenir ne veut point,
Vous verrez reparaître, ô rois, cette gorgone
A travers le branchage effrayant de l'Argonne ;
La France embrassera l'Alsace, embrassera
La Lorraine, ô triomphe ! et l'Europe sera !
Et les vengeurs, avec des chants et des huées,
Plus abondants que l'ombre au puits noir des nuées,
Plus pressés que l'averse en un ciel pluvieux,
Viendront, et je verrai cela, moi qui suis vieux !

*

Vous riez. N'est-ce pas que l'heure est mal choisie,
Rois, pour tant d'espérance et tant de frénésie,
Quand on vide nos sacs d'écus, quand nous avons
Le même sort qu'ont eu jadis les Esclavons,
Quand tout notre sang fuit par notre veine ouverte,
Quand vos fusils joyeux ont tous leur branche verte,
Quand tout est gloire, orgueil, force ? — Eh bien, vous verrez,
Soit. Les songes ne sont pas encor dédorés ;
Mais, princes, cette chose étrange, la justice,
Existe ; et quel que soit le château qu'on bâtisse,
Fût-il de marbre, il est d'argile, et son ciment
Périra, s'il n'a pas le droit pour fondement ;
Son mur est vain s'il n'est gardé que par le nombre,

Et sa porte de bronze est faite avec de l'ombre.
Vos peuples sont déjà repentants de vous voir
Tant d'ivresse, un tel sceptre aux mains, tant de pouvoir;
Ils vous ont couronnés, ne sachant pas qu'un Louvre
Abrite la rapine et le vol, dès qu'on l'ouvre ;
Ils frémissent de voir que vous avez tout pris.
C'est de leur flanc que l'arbre immense du mépris
Sortira, comme un chêne horrible sort de terre.

Vous croyez, tout-puissants stupides, qu'on fait taire
L'éternelle clameur des hommes opprimés !
Vous pesez sur les gonds de l'enfer, vous fermez
La porte par où doit venir la grande aurore !
Vous tentez d'étouffer l'aube auguste et sonore !
Ah ! vous vous attaquez au sinistre avenir !
Il vient ressusciter, sauver, aimer, punir !
Tremblez ! vous violez la rive inabordable.
Savez-vous les secrets de la nuit formidable ?
C'est nous que le matin mystérieux connaît ;
Ce qui germe, ce qui s'avance, ce qui naît,
Ce qui pense, est à nous. Donc tremblez, ô despotes.
Tout ce que tu fais, Krupp, tout ce que tu tripotes,
Bismark, tous les fourneaux, flamboyants entonnoirs,
Où l'âpre forge souffle avec ses poumons noirs,
Fabriquant des canons, des mortiers, des bombardes,
Tout ce qu'un faux triomphe inspire à de faux bardes,

Rois, je vous le redis, ce décor d'opéra
Pâlira, passera, fuira, s'écroulera !

Oui, nous sommes tombés et vaincus, et le Xanthe,
Frémissant, ne vit pas Ilion plus gisante ;
Oui, nous sommes à terre, à bas, brisés, battus ;
Oui ! mais quatre-vingt-douze et ses sombres vertus
Croissent dans nos enfants, et notre ciel se dore
De ce vieil astre éclos dans cette jeune aurore ;
Leurs fraîches voix sont là chantant les grands défis ;
Nous voyons nos aïeux renaître dans nos fils ;
Oui, vous l'emportez ; mais nul ne trompe et n'évite
L'œil invisible, et bien qu'un larron marche vite,
Le Châtiment boiteux le suit et le rejoint ;
Mais mon pays n'est pas assez mort pour ne point
Entendre votre éclat de rire dans sa tombe,
Et cela te réveille, ô France, ô ma colombe,
O ma douce patrie, ô grand aigle effrayant !
Oui, vous croyez que tout finit en balayant,
Et que lorsqu'on a mis dans un coin les décombres,
On peut sur les tombeaux laisser rôder les ombres.
Eh bien non. Car une ombre est une âme. Oui, tyrans,
Nous sommes accablés, dépouillés, expirants,
Nous n'avons plus d'amis, plus d'argent, plus d'armée,
Plus de frontières, mais nous avons la fumée
De nos hameaux brûlés, qui vous dénonce tous
Et qui noircit le ciel contre vous, et pour nous !

Mais l'étoile survit quand le navire sombre ;
Mais quand l'assassiné saigne dans le bois sombre,
Une blême lueur sort du cadavre nu ;
Mais le destin pensif s'est toujours souvenu
De la nécessité de punir les coupables ;
Mais l'invincible essaim des forces impalpables
Qu'on nomme vérité, devoir, progrès, raison,
Vient vers nous et remplit de rumeur l'horizon ;
Mais nous sommes aidés par toute l'âme humaine ;
Mais le monde a besoin d'un flambeau qui le mène,
Et vous vous appelez Ténèbres ; mais le jour,
Le saint travail, le droit, la liberté, l'amour,
Tout cela conduit l'homme et tient dans le mot France ;
Oui, nous sommes le deuil, la chute, la souffrance,
Nul peuple de si bas encor n'est revenu ;
Mais nous avons pour nous ce quelqu'un d'inconnu
Dont on voit, par moments, passer l'ombre sublime
Par-dessus la muraille énorme de l'abîme.

Victor Hugo.

SOUVENIRS

D'ALSACE & DE LORRAINE

Notes de Voyage.

Depuis Sadowa, une préoccupation commune à tous les hommes qui sentaient flotter au hasard les destinées de notre pays, et grandir sur notre tête une ombre menaçante, m'attirait instinctivement du côté du Rhin. Au printemps de 1869, je visitai pour la première fois notre Metz, cette noble cité, dont on ne peut prononcer le nom sans angoisse; ville française entre toutes, et qui n'a jamais entendu la langue germanique que dans la bouche de ses dominateurs francs, aux temps barbares d'autrefois, ou dans celle de ses dominateurs allemands, aux temps barbares qui viennent de recommencer.

Ce vieux pays gaulois subit au moyen âge, comme tant d'autres pays étrangers à l'Allemagne, la vassalité du *saint Empire romain;* mais la république municipale de Metz demeura toujours *welche*, de langue comme d'esprit. Son admirable cathédrale, si grandiose et si légère, inondée de lumière, parée de toutes les couleurs de l'arc-en-ciel par ses innombrables verrières qui l'enveloppent comme d'une muraille transparente, suivant l'heureuse expression de M. Adolphe Joanne ; la cathédrale de Metz est un des chefs-d'œuvre de ce grand art exclusivement français, dont l'Allemagne a voulu nous enlever l'honneur, à une époque où nous ne savions plus rien de l'histoire de nos arts. Personne n'ignore aujourd'hui que l'architecture ogivale est née entre la Somme et la Seine, et n'a été portée en Allemagne qu'un demi-siècle après son complet épanouissement en France.

Je revois encore par la pensée ces larges places où s'élèvent la statue de Fabert, le sage capitaine, né à Metz, qui servit si bien la politique nationale du cardinal de Richelieu, et la statue de Ney, l'enfant de Sarrelouis. De ces places, le regard parcourt au loin les hautes collines, grands bastions naturels qui protégent la ville et l'eussent faite imprenable en d'autres mains! Les braves soldats, dont on a rendu les efforts inutiles et stérilisé le sang généreux, ne campent plus sur ces collines, et la population animée, intelligente et patriote, dont les flots se pressaient dans la populeuse cité, a disparu de ses rues, aujourd'hui désertes.

Je passai à Thionville, qui repoussa si vigoureusement l'invasion en 92, et qui, sans avoir failli à ses souvenirs, devait être, en 1870, entraînée dans la ruine de Metz.

Je visitai Luxembourg, cette place d'armes presque sans égale, tant de fois disputée entre la France et les coalitions. Ses magnifiques fortifications, alors en démolition, attristaient l'œil comme la destruction d'une grande œuvre d'art; mais les habitants paraissaient fort satisfaits d'être délivrés de leur garnison prussienne et rentrés dans une neutralité qui rompait le lien de leur sujétion envers l'ex-confédération germanique. Leur sécurité n'a pas été de longue durée, et ils sentent plus que jamais sur eux la serre de l'aigle noir, toujours prête à ressaisir sa proie.

De la forteresse des guerres modernes, on arrive rapidement à la cité antique, à la gauloise Trèves, la capitale romaine des Gaules aux jours où la vieille civilisation s'efforçait de résister aux irruptions dévastatrices d'outre-Rhin. Trèves, par ses monuments, est restée aussi romaine qu'Arles ou que Nîmes, mais romaine de l'âge de la décadence architecturale et de la transition du paganisme au christianisme, tandis que nos cités du Midi resplendissent dans la pureté de l'art, encore presque hellénique, qui brilla d'Auguste aux Antonins.

Après avoir salué l'antiquité sur la Moselle, je voulais l'aller chercher sur le Rhin, sous une autre forme. Je suivis le bassin de la Sarre et ses pittoresques collines, qui furent la barrière de l'ancienne monarchie française, et que le premier Empire nous a fait perdre. Je passai à Sarrebruck, où une puérile victoire de théâtre allait être bientôt le prologue de la tragédie qui devait se terminer par la plus grande catastrophe de l'histoire moderne.

C'était sur Mayence que je me dirigeais. Je connaissais de longue date cette ville, autrefois si sympathique à toutes les idées du xviiie siècle et de la Révolution, cette ville qui s'était donnée avec tant de passion à la République de 92, et dont la chute du premier Empire a refait la grande place d'armes des ennemis de la France et la base des invasions. Je connaissais la Mayence moderne et celle du moyen âge, résumée dans son historique cathédrale ; ce que je venais chercher, en ce moment, c'était l'antique *Maguntiacum*, qui revit, avec toute la primitive Gaule rhénane, dans son magnifique musée archéologique. La Gaule celtique, la Gaule romaine, la Gaule franque et mérovingienne, sont là, couche sur couche, comme dans les âges de la géologie. C'est la couche intermédiaire qui domine, la couche gallo-romaine ; on la trouve là comme nulle part. Les fameuses légions du Rhin sortent du tombeau avec leurs armes, leurs insignes, leur équipement semi-romain, semi-celtique, qui marquent si bien le caractère de cette armée fixée sur le sol gaulois par le long service et le colonat. Ce n'est que là que l'on peut bien comprendre et les origines et la nature mixte et complexe des populations de la rive gauche du Rhin. Les vieux noms géographiques et les habitants primitifs étaient gaulois, mais déjà entamés par des tribus germaniques avant la conquête romaine; puis, durant deux siècles et demi, une grande armée de huit légions, toute composée de Romains, d'Italiens et de Gaulois de la Narbonnaise, forme sur le Rhin une vraie colonie militaire; enfin, arrivent les conquérants germains, les Francs, avec lesquels s'implante et domine la langue teutonique. Les historiens n'ont pas fait assez attention aux conséquences ethnographiques du long séjour des huit légions, grâce auquel il y a vraisemblablement plus d'éléments romains dans la Gaule rhénane que dans la Gaule narbonnaise elle-même.

Ces origines n'expliquent-elles pas, au moins en grande partie, pourquoi ces populations, parmi des variations énormes à tant d'égards, conservent une tendance à l'égalité et une sociabilité qui ne leur viennent point d'outre-Rhin, et sont invariablement attachées au droit civil moderne, au droit français?

Je fis, de Mayence, une excursion sur la rive droite, vers la forêt Noire. En contemplant, du haut du vieux château de Bade, ce paysage immense qui embrasse l'Alsace, la Souabe et le Palatinat, en regardant ce beau fleuve couler, avec une majesté paisible, dans sa grande vallée, et la double chaîne des Vosges et de la forêt Noire fermer l'horizon au levant et au couchant, il me semblait voir la Gaule et la Germanie appuyées, l'une sur sa montagne rouge, l'autre sur sa montagne noire, comme sur deux forteresses; je me demandais si la vallée du Rhin devait redevenir un champ de luttes sanglantes entre ces deux grandes nations, et si la nature ne l'avait pas destinée à être le pacifique théâtre du libre commerce international et de la pénétration réciproque des deux races.

A ce doute anxieux se préparait une terrible réponse.

Qui eût possédé cette seconde vue qui lit dans les âmes eût aperçu, dès lors, sous le calme apparent de la rive droite, couver l'envie et la haine du Souabe contre l'Alsacien, les passions sauvages qui devaient détruire le musée et les bibliothèques de Strasbourg. On pouvait déjà pressentir qu'un jour ou l'autre l'aveuglement des Tuileries et le machiavélisme de Berlin ouvriraient la carrière à ces passions.

Obligé de rentrer en France par Strasbourg, sans avoir le loisir de parcourir les Vosges, j'y revins au printemps suivant, le printemps de l'année fatale. La température était douce et charmante, les prairies en fleur; la montagne cachait ses massifs de grès rouge sous le vert noir de ses sapins et le vert lumineux de ses hêtres. Cette belle région était parée comme une victime avant le sacrifice.

Je remontai d'abord la vallée de la Moselle, par Épinal, jolie ville partagée et enveloppée par la rivière, et dominée par une colline où un beau parc, aux ombrages épais, a remplacé le château du moyen âge. De remarquables antiquités gallo-romaines m'invitaient à visiter le musée d'Epinal. C'est là que se trouve le célèbre bas-relief gaulois représentant le combat symbolique d'un lion et d'un sanglier, avec la légende : *Bellicus Surbur*. Il a été apporté, avec d'autres bas-reliefs, de la mystérieuse montagne du Donon, un de ces *hauts lieux* où l'antiquité accumulait les monuments religieux, et qui en a gardé jusqu'à nous d'intéressants et rares débris.

Le Donon est un des massifs de la partie septentrionale des Vosges, et je voulais, avant de me diriger de ce côté, parcourir rapidement la région méridionale.

A mesure que l'on remonte la Moselle, le paysage prend à la fois plus de charme et plus de grandeur. Rien de gracieux et de fier comme le site de Remiremont, cette petite ville si originale avec sa grande rue à arcades, sa promenade à la vue splendide, ses grandes prairies qu'entoure le cirque imposant de ses montagnes. Les puissantes collines boisées qui commandent la Moselle recèlent sur leurs sommets et dans leurs ravins des antiquités primitives, dont certaines excitent la curiosité plus qu'elles ne la satisfont. Une gorge profonde et sauvage, qui sépare le Saint-Mont de la haute forêt de Fossard, est barrée par une construction étrange, que la tradition populaire nomme le *pont des Fées*. Ce n'est pas un pont à arches ni à piles; c'est un mur plein, infléchi, dans sa partie supérieure, en une sorte d'arc concave. Ce mur, de vingt-huit mètres de longueur, sept de hauteur et treize de largeur, tout en pierres sèches, d'aspect cyclopéen, remonte sans doute aux âges de l'indépendance celtique; mais il est bien difficile de déterminer le but qui l'a fait élever dans cette solitude.

Descendu de la cime du Saint-Mont, je remontai, à travers bois, les pentes escarpées de la hauteur opposée jusqu'au plateau de Fossard et à ses clairières, qui dominent toute la contrée. Au delà des clairières, un sentier de forêt me mena, non sans peine et sans recherches, à un second monument d'un caractère moins incertain pour moi que le *pont des Fées*. Dans un recoin solitaire, sous l'ombrage des grands arbres, je vis tout à coup devant moi un magnifique monolithe de grès rouge, une sorte de pyramide brute, de près de cinq mètres de haut, très-large sur deux de ses faces, étroite sur les deux autres. C'est une des plus imposantes *pierres-levées* qui existent en France, et son développement dans le sens de la largeur lui donne une physionomie exceptionnelle parmi les *menhirs*. Ce bloc ne diffère pas de la roche rouge qui constitue le massif environnant; mais il ne me semble pas douteux que la main de l'homme ne l'ait mis debout sous la voûte des chênes et qu'il n'ait eu une consécration religieuse.

On l'appelle, dans le pays, la pierre *Kerlinkin*.

De Remiremont, j'allai faire l'excursion, si justement renommée, des lacs de Gérardmer, Longemer et Retournemer, et l'ascension du Honeck. Le temps n'est plus aux paisibles descriptions des touristes, et je ne m'étendrai pas sur la beauté, la variété, les aspects si mouvementés, les pittoresques surprises de cette ravissante contrée. Je ne citerai que le vaste panorama du Honeck, le point le plus élevé des Vosges, d'où l'on a sous les pieds la Lorraine et l'Alsace ; en face de soi, la forêt Noire ; au midi, les chaînes du Jura.

Une observation ethnographique est à faire sur certains villages des hautes Vosges. On retrouve là un type très-pur d'hommes d'assez grande taille, blonds ou châtain clair, aux yeux d'un bleu brillant, très-différents des blonds teutoniques, et qui sont certainement des Celtes non mélangés.

Je revins à Remiremont prendre la route du Ballon d'Alsace, et je pus comparer ce panorama à celui du Honeck, et voir, du haut du Ballon, les Grandes-Alpes se déployer dans leur majesté au loin par-dessus le Jura. Quelles que fussent mes inquiétudes en songeant dans quelles mains était le sort de notre patrie, j'étais loin de la pensée que, quelques mois plus tard, de toute cette frontière de la France sur laquelle je planais du haut des Vosges, il ne nous resterait plus que ce dernier débris, Belfort et les points intermédiaires entre Belfort et le Ballon d'Alsace, que j'avais là immédiatement sous les pieds, et que le patriotisme de M. Thiers devait nous conserver avec tant de peine.

J'entrai en Alsace par le col de Bussang et par Wesserling, alors si riant et si laborieux tout ensemble avec ses usines abritées sous de charmants ombrages. Je remontai, sans m'arrêter, la vallée du Rhin jusqu'à Strasbourg, où j'allais retrouver un ami, ce penseur religieux et libre, cet éminent exégète, ce philosophe chrétien, qui était alors le pasteur de ce qui fut le Temple neuf. Je repartis pour la montagne avec M. Leblois et son jeune fils. Nous rentrâmes dans les Vosges par la route ferrée de Molsheim et de Barr.

C'est à partir de Barr que nous commençâmes l'ascension de Sainte-Odile, cette montagne célèbre non par sa hauteur (le point le plus élevé de son plateau atteint à peine 500 mètres), mais par ses points de vue variés et splendides, par ses souvenirs légendaires du moyen âge et par ses antiquités. Nous suivîmes la chaussée romaine qui gravit, à travers les sapins et les hêtres, jusqu'à la haute clairière, où s'élève le couvent plusieurs fois détruit et réédifié. Bien qu'occupé par des religieuses, le monastère offrait aux touristes et aux archéologues une hospitalité précieuse pour qui voulait rayonner de ce sommet aux alentours. L'intérêt principal du mont de Sainte-Odile est, pour l'historien et l'antiquaire, la vaste construction à laquelle on donne en allemand le nom de *Heidenmauer* ou Mur des païens. C'est une triple enceinte de murailles en pierre sèche, d'environ deux mètres d'épaisseur sur un mètre et demi de hauteur, enveloppant dans ses lignes le plateau entier de la montagne, dont elle suit toutes les sinuosités. Il ne me semble pas possible de mettre en doute le caractère militaire de ce grand ouvrage, qui a des analogues, mais dans de bien moindres proportions, sur d'autres cimes des Vosges.

Je ne puis voir là qu'une place de défense, un immense *oppidum* destiné à protéger les passages des Vosges contre les invasions d'outre-Rhin.

Qui a construit le *Mur païen* ? Il semble porter la trace d'époques diverses. En quelques endroits, on a entassé irrégulièrement les blocs qui forment la muraille. En général, cependant, les pierres ont été plus ou moins équarries, et, dans une partie des remparts, les blocs sont même reliés entre eux par des tenons de bois en queue d'aronde.

Sur quelques points surgissent, tout près du Mur païen, des entassements de blocs qui ont été signalés comme des monuments druidiques, des dolmens. Je crois qu'il y a là quelque chose d'analogue aux curieux monuments de Ballancourt, près de La Ferté-Alais, c'est-à-dire des blocs réunis par la main de la nature, mais que la main de l'homme a plus ou moins arrangés, et qu'un vieux culte a consacrés.

Le Mur païen me paraît être une œuvre défensive des Celtes contre les Germains, utilisée plus tard et remaniée à l'époque gallo-romaine.

Du mont de Sainte-Odile nous montâmes, pour ainsi dire d'assise en assise, à travers la forêt, jusqu'au plateau beaucoup plus élevé qu'on appelle le Champ-du-Feu. Etait-ce là que nos ancêtres allumaient les signaux qui se répétaient de montagne en montagne pour annoncer l'approche des barbares ?

Nous redescendîmes du Champ-du-Feu dans la vallée

de la Bruche. Nous allâmes saluer l'humble presbytère de Foudré et la tombe de ce grand homme de bien qui a changé le val sauvage et misérable du Ban-de-la-Roche en une terre modèle, habitée par la population la plus prospère et la plus pure. Le vallon, naguère si heureux, où Oberlin enseigna, durant soixante années, le culte de toutes les vertus, l'amour de la patrie comme l'amour de Dieu, est aujourd'hui sous le joug de l'étranger.

Nous descendîmes la Bruche, afin d'aller, par Schirmeck, escalader le Donon.

Ce vieux sanctuaire des Vosges gauloises était le terme de mes courses archéologiques.

Le roman historique, à l'énergique pensée et aux chaudes couleurs, qui a commencé la renommée de MM. Erckmann et Chatrian, a rendu populaires les paysages du Donon. L'océan de verdure sur lequel on plane de sa cime est la plus belle vue de forêts qui se puisse imaginer. Les antiquités, autrefois si multipliées sur ce sommet, statues, bas-reliefs et inscriptions sculptés et gravés sur les rochers, ont disparu en grande partie. Les mieux conservées ont été transportées, comme je l'ai dit, au musée d'Epinal ; les restes, encore nombreux, de sculptures, auxquels on a construit un abri sur le point culminant de la montagne, et les vestiges de constructions mis à jour, ne permettent pas de douter qu'un temple gallo-romain n'ait succédé là à un sanctuaire druidique.

Le Germain campe aujourd'hui sur la montagne gauloise.

Nous rentrâmes à Strasbourg. En allant revoir l'admirable bibliothèque et la riche collection d'antiquités qui attiraient tous les savants de l'Europe dans les salles du Temple neuf, je ne pressentais pas que je leur faisais mes adieux, et qu'avant six mois il n'y aurait plus là que des ruines fumantes. Là reposaient de précieux monuments de l'antiquité gauloise à côté d'objets d'art et de restes historiques d'une haute valeur, appartenant au Moyen-Age et à la Renaissance. Là, entre les 150,000 volumes de la bibliothèque, on contemplait de merveilleux manuscrits du VIIIe au XIIe siècle, parmi lesquels l'*Hortus deliciarum*, de l'abbesse Herrade de Sainte-Odile, dont rien ne saurait réparer la perte, et le recueil des Constitutions de Strasbourg ! Auprès de ces manuscrits, des imprimés aussi précieux que ces manuscrits eux-mêmes : ces *incunables*, dont la collection était digne de l'une des deux illustres cités rhénanes qui enfantèrent l'imprimerie. La bibliothèque de la ville était l'admiration du monde savant tout entier ; la bibliothèque spéciale protestante, si intéressante pour l'histoire religieuse, méritait une vénération toute particulière de la part de quiconque, individu ou peuple, professe des croyances qui procèdent de la Réforme du XVIe siècle. Là se trouvaient les plus importantes correspondances des grands réformateurs français et allemands.

Les chrétiens qui ont détruit les chefs-d'œuvre du paganisme, les musulmans qui ont brûlé, pour ainsi dire, l'antiquité même en brûlant la bibliothèque d'Alexandrie, obéissaient à des passions religieuses qui les poussaient à s'acharner, avec une aveugle fureur, contre les gloires et contre les sciences du passé. D'autres ont détruit au hasard, avec l'insouciance de l'ignorance. Ceux qui ont détruit volontairement le musée et les bibliothèques de Strasbourg n'étaient point poussés par le fanatisme, car ils professent la croyance dont ils ont brûlé les plus vénérables monuments et se disent le peuple le plus chrétien de l'Europe, quoiqu'ils soient peut-être le peuple chez lequel il reste le moins de l'esprit évangélique.

Ils n'avaient pas non plus l'excuse de l'ignorance, car ils se disent, et, ici, leur prétention est mieux justifiée, ils se disent le peuple le plus savant de l'Europe. Ils avaient trop de science pour ne pas savoir, à quelques mètres près, où iraient tomber les bombes incendiaires qu'ils lançaient sur le Temple neuf et sur la cathédrale, au cœur de la ville, bien loin des fortifications et sans aucun résultat possible pour les opérations du siége.

Quels anathèmes le grand Goëthe n'eût-il pas lancés sur les destructeurs de ces trésors qu'il avait tant de fois contemplés avec amour ! Il a bien fait de quitter ce monde : ce n'était pas la gloire d'Attila qu'il avait rêvée pour son peuple.

Avant de reprendre la route de Paris, je remis le pied, en franchissant le pont de Kehl, sur cette terre allemande que j'avais parcourue l'année précédente. Je m'efforçais encore de ne pas me croire sur un sol ennemi et ne voulais pas admettre l'impossibilité d'une fédération pacifique de l'Europe, fondée sur la conciliation de la France et de l'Allemagne. Ce fut un dernier rêve de paix à la veille des catastrophes qui allaient inaugurer en Europe le règne de la force et rouvrir l'ère sanglante des guerres de races. La Révolution française, un moment vaincue par ses fautes et ses défaillances, pourra seule un jour fermer cette ère d'une nouvelle barbarie par le triomphe définitif du droit qu'elle représente dans le monde.

Henri Martin.

MADAME JOYEUX

I

« Lorrain, vilain, traître à Dieu, à son prochain, gredin, vaurien, coquin, pire qu'un chien..... Mais pas Prussien, citoyens, achetez mon boudin, vous verrez bien, c'est pour rien ! »

Je n'ai pas honte de ma croyance : la foire aux jambons est pour moi une solennité dépourvue de poésie, malgré les lauriers secs qui décorent ses bazars. Je ne nie pas la grande odeur qui se dégage de ce peuple immense, achetant et vendant du lard ; mais comment plaindre les cervelas, naguère animaux bien portants, jeunes, innombrables et qui se sont laissé dépecer sans combat ?

Quiconque ne se bat pas comme un lion, comme un tigre même, en ce siècle d'admirable philosophie, est religieusement dévolu au hachoir.

« Lorrain, vilain, propre à rien, faquin, oquin, mais pas Prussien....... achetez mon boudin ! »

II

C'était un petit homme si gai ! Tout gras, tout rouge et tout court, caressant la saucisse d'une main dodue qui frémissait de volupté. Il parlait avec cette voix suraiguë des gens obèses et s'appelait M. Joyeux.

Ses jambons avaient non-seulement des lauriers, mais encore des cocardes en papier rose. Il les appelait par leurs noms, il disait : « Celui-ci est le gauche du pauvre Frédéric, celui-là est le droit de Gertrude, la gueuse ! » *Lasciva puella*, comme eût traduit Virgile...

Que voulez-vous, le petit homme les avait aimés tout jeunes et toutes jeunes ; il avait été élevé dans leurs familles.

La baraque était située à moitié chemin entre le grenier d'Abondance et la place de la Bastille, en plein milieu du boulevard Bourdon. Bonne place. La plaque portait le numéro 194, et au-dessous un écriteau disait : « *Maison Joyeux*, à Moulin (Lorraine), près de Gravelotte, tous produits de Moselle. »

On achetait beaucoup à ce petit homme. Il y avait foule autour de son étal. Sa voix clairette ne s'enrouait jamais et son sourire restait accroché à ses lèvres. Il bavardait, il coupait, il empaquetait. Ah! quel petit homme pour être actif, adroit, éloquent et content !

« Lorrain, vilain, païen, libertin, arlequin, — mais pas Prussien, c'est certain ! »

III

Quand la foule diminuait, vous pensez que le petit homme soufflait ? Non. Il clignait de l'œil à sa propre adresse, et comme si quelqu'un lui eût glissé une question, il répondait mystérieusement :

« Eh bien, oui, là ! ne le dites pas, mais c'est elle (Mme Joyeux) qui a tué le cuirassier blanc. Il avait six pieds. Il s'appelait Meyer comme tous les autres. Et il n'a pas pesé lourd avec Mme Joyeux ! »

Alors on se pressait, on regardait tout au fond de la baraque, où une jeune femme était assise, tenant dans ses bras un petit enfant triste. Un beau petit enfant ! Mais la jeune mère était bien plus belle et plus triste. Elle ne voyait, elle n'entendait rien de ce qui s'agitait autour d'elle. Ses cheveux blonds se mêlaient aux blonds cheveux du petit. Pensait-elle ? Ses yeux vagues semblaient suivre un bonheur enfui dans le passé. On avait envie de la croire folle.

« Lorrain, vilain, lambin, galopin, mais pas Prussien ! Saucisse et boudin, pour rien ! Drelin din din ! »

IV

Les gens revenaient en cohue. On se disait : « Il y a une histoire. »

Ah ! certes, il y avait une histoire, et le petit homme la racontait très-bien. C'était sa grosse caisse, à ce petit homme, et avec quel cœur il tapait dessus !

Il commençait ainsi... Mais écoutez, j'ai peur. Vous vous fâcheriez peut-être. N'est-ce pas déjà trop de vous avoir montré la beauté douloureuse de cette madone à travers le fouillis des choses salées et fumées ! Il est bien vrai qu'elle ressortait plus noble dans son cadre humilié, mais je n'ai pas ce qu'il faut de hardiesse pour vous répéter l'histoire de Mme Joyeux dans le propre style de son second mari.

V

Elle s'appelait Rose-Leblanc, avant de s'appeler Rose Meyer. Elles étaient deux jolies filles heureuses à la ferme du père Leblanc, qui avait une fortune dans ses herbages du bord de la Moselle. Marie, l'aînée, épouse un bon gars qui avait fait son congé de sept ans, le caporal François. Rose attendait : elle n'avait que seize ans.

Il en venait beaucoup de l'autre côté de la Sarre, des Meyer de Bavière et des Meyer de Prusse. On avait déjà, dans la paroisse de Moulin, Fritz, Wilhem et Johann, tous Meyer bien bâtis, travaillant dur et rendant leurs femmes contentes. Ils aimaient la France, ces chrétiens-là, comme les affamés aiment le bon pain. Tant qu'on voulait, ils se faisaient naturaliser Français. Tout leur plaisait, ils fouillaient les moindres recoins de leur pays d'adoption, et c'était bien connu que pas un Lorrain ne savait comme les Meyer les chemins de traverse de la Lorraine. On disait en manière de proverbe à ceux qui hésitaient à travers champs : « Demandez votre route à Meyer ! »

Mais le plus beau de tous les Meyer, ce fut celui qui arriva des provinces rhénanes au printemps de 1868. Il était frais, il était rose ; ses mains n'avaient point de hâle et sa taille dépassait celle des tambours-majors. Les autres Meyer, en conscience, n'étaient que de la petite bière auprès de lui. Et par-dessus le marché, c'était un savant. Il causait en vers latins avec M. le curé et lui fournissait de pleins paniers de mitraille pour fusiller la *Vie de Jésus* que M. Renan avait rapportée d'Allemagne, dans son mouchoir, noué aux quatre coins.

Avec Rose, par exemple, le Meyer de choix ne parlait que français ; seulement, c'était traduit de l'allemand. L'éternelle poésie de la lune et des brouillards, la ballade lui servait à faire sa cour. Il y a toujours là de quoi inquiéter les nerfs d'une femme, et cent représentations à l'Opéra-Comique. La nuit, le cimetière, le cheval-fantôme... et dire qu'ils dévorent tant de bœuf avec tant de pommes de terre et tant de choux, ces spectres de la Tudesquie !

VI

Le roi des Meyer, qui répondait au nom de Frantz, avait étudié dans je ne sais quelle université, précisément celle où la Jeune Allemagne se couche à plat ventre devant M. de Bismark pour crier : Vive la liberté ! Pourquoi il était à Moulin ? Pour son plaisir : il avait du goût à dessiner la fortification, et Metz était tout proche. Ses lavis allaient à Berlin, où M. de Moltke était bien aise de recevoir pour la cinq centième fois le portrait de la forteresse. C'est un rude collectionneur !

Rose et Frantz s'aimèrent, mais là, tout de bon. Ils sont sensibles comme des guitares, ces braves que la politesse allemande appelle des Éclaireurs secrets. On fit le mariage. Le pays tout entier déclara que Rose avait eu le gros lot. A la mairie, chacun put voir que le Meyer de Rose n'était pas un Meyer de deux sous, mais bien un von Meyer. Ah ! mais oui : un gentilhomme !

Et, au printemps de 1869, vint au monde ce petit blond qui dormait maintenant au fond de la baraque, entre les bras de marbre de Mme Joyeux.

VII

Jamais on ne vit lune de miel si longue ni si douce. Ils ne pouvaient vivre l'un sans l'autre, et le petit blondin nageait dans les caresses. Le vieux Leblanc, voilà un heureux père ! quand il disait : « Mon gendre », sa poitrine se gonflait et il prenait l'accent de Coblentz-la-Gaillarde.

Un jour, tout le monde eut bien envie de rire, parce que les journaux de Paris radotaient un cas de guerre entre la France et l'Allemagne. Ces journaux !

La guerre avec l'Allemagne ? De si braves gendres ! Et des paroissiens qui connaissaient si bien le pays !

« Est-ce que tu te battrais contre nous, mon Frantz chéri ? » demanda Rose.

Papa Leblanc la gronda. On ne fait pas de questions pareilles !

VIII

Par une belle matinée d'été, un régiment français passa. La guerre était déclarée. Le soir, un second régiment, puis dix, puis cinquante. Et de la cavalerie si fière ! Et de magnifiques canons qui vous mettaient de l'orgueil plein le cœur !

« Vous autres, fut-il demandé aux Meyer, n'allez-vous point vous engager soldats ?

— Si fait ! » répondirent-ils à l'unanimité.

Et chacun d'eux boucla son sac vitement. Frantz partit le dernier, et que de larmes !

« Mon bien-aimé, tu reviendras ?

— Je reviendrai. »

Papa Leblanc ajouta :

« Le temps d'aller à Berlin et retour, au pas de charge ! »

IX

Il y a un deuil inexprimable, c'est la première fois que le silence des campagnes s'éveille à la voix du canon. Nous étions déjà des vaincus, mais la guerre n'avait pas encore franchi la frontière du Bas-Rhin.

Les environs de Metz surtout étaient gardés contre la panique par la présence de notre admirable armée.

« Le canon ! » dit papa Leblanc.

C'était un bruit lointain, lointain, mais papa Leblanc se souvenait; il avait déjà cinq ans en 1815.

« Le canon ! » cria François qui revenait de Metz, costumé en franc-tireur.

Plus près cette fois et plus fort.

« Le canon ! le canon ! le canon ! »

De tous côtés, ce fut un tonnerre ! Puis la fusillade crépita, — puis les villages fumèrent, — puis une horde de uhlans passa au galop de leurs petits chevaux qui s'enveloppaient de poussière.

Chose terrible ! trois femmes reconnurent dans le troupeau les pères de leurs enfants. Ils guidaient la charge sans tâtonner, ni hésiter; ils étaient chez eux, les Meyer !

Rose les avait comptés, un à un, derrière une haie. Il n'était pas là, lui, du moins, son Frantz adoré ! Elle en était bien sûre !

X

Tout le long de la Meuse les cadavres s'amoncelaient. Le vent apportait des odeurs d'incendie. Dans le village dévasté régnait un silence de mort. Papa Leblanc et François avaient couru au feu. Rose seule gardait la maison.

Elle serrait son petit enfant entre ses bras comme si elle eût voulu l'abriter au dedans d'elle-même et jusqu'au fond de son cœur.

Car le plomb ne connaît ni les enfants ni les femmes. Marie gisait morte sur le lit. Une balle Dreyse lui avait traversé la poitrine.

C'était le soir de Gravelotte.

Rose essayait de prier et ne pouvait pas.

« Rose ! » dit une voix.

Eût-elle eu la poitrine écrasée comme sa sœur, cette voix l'aurait éveillée.

« Frantz ! mon Frantz ! est-ce toi ? »

XI

C'était lui, les cheveux épars, du sang au front et aux mains.

Elle sourit, la pauvre chère âme, dans son épouvante et parmi ses larmes :

« O Frantz ! comme tu as bravement combattu pour nous ! »

Au lieu de répondre, il la pressa avec passion contre son cœur.

« Où est Marie ?

— Les Prussiens l'ont tuée, tu la vengeras.

— Où est ton père ? où est François ?

— Ils vont revenir, tu les défendras. »

La main de Frantz étancha la sueur qui baignait son visage.

« Mais quel est donc ce bel uniforme ? demanda Rose, qui forçait le petit à jouer avec l'or des garnitures, à toucher la poignée du sabre ; moi, je ne connais pas tous nos régiments... Que je te regarde bien, mon Frantz ! jamais je ne t'ai vu si beau ! Ils t'ont fait officier... Comme tes pistolets brillent ! »

Elle en prit un dans la ceinture de Frantz pour l'admirer de plus près.

« Rose, dit celui-ci, tu me déchires le cœur. Je t'aime ! Adieu ! »

XII

En ce moment François parut devant le seuil. Il avait une large tache rouge au milieu de la poitrine et portait sur ses épaules le vieux père dont la tempe ouverte versait du sang.

« Nous voilà, dit-il. Nous étions là-bas à garder la coulée. En nous postant, le colonel avait dit : « Restez « là et ne mourez pas avant une heure. » On resta, on fit de son mieux... on avait mis juste le temps qu'il fallait pour mourir, et l'ennemi pliait devant nos régiments, et le père disait déjà : « C'est nous qui gagnons la ba-« taille !... » Quand tout à coup un paquet de démons, mené par un officier qui connaît bien le pays, nous a pris à revers... Et tout un régiment de cuirassiers blancs nous a passé sur le corps...

Il s'arrêta. Il venait d'apercevoir Frantz, immobile et muet.

« L'officier ! s'écria-t-il. Frantz ! Ah ! je savais bien qu'il était de chez nous ! »

Il laissa choir son fardeau et tomba lui-même, en travers du seuil, sur le vieillard qui ne respirait plus.

Un éclair s'alluma dans la main de Rose, qui avait levé le pistolet brillant à la hauteur du front de son mari.

Frantz dit en tombant foudroyé :

« J'ai bien fait, toi aussi, c'est la guerre : je t'aime! »

XIII

Il y a partout des gens indiscrets. Quand M. Joyeux eut fini, quelqu'un lui demanda :

« Mais pourquoi diable vous a-t-elle épousé, mon gros ? »

La recette allait à miracle. Le petit homme se démenait comme un forcené, décrochant, taillant, ficelant, bavardant.

« Je vas vous dire, répliqua-t-il avec politesse. Mme Joyeux a comme ça l'idée qu'elle ne durera pas, et je suis pour avoir soin du petit plus tard. Achetez au Lorrain, vilain, chafoin, marcassin, sagouin, traître à Dieu et à son prochain, mais pas Prussien, mâtin ! à qui le boudin ? »

PAUL FÉVAL.

UNE NUIT

A SAINT-AVOLD

C'était pendant les premiers jours du mois d'août de l'année maudite, le 2 ou le 3, ce me semble ; j'étais arrivé à Metz dans la soirée, assez tard. Une curiosité impatiente me poussait. A peine hors du wagon, je courais la ville. Il me parut que j'entrais dans une fourmilière de soldats. Les premiers coups de fusil avaient été tirés. On avait vu des prisonniers ; le sang avait coulé sur cette frontière qui, jadis, en avait tant bu et qui devait s'en abreuver encore. On n'apercevait partout que galons d'or, aiguillettes et plumets ; on entendait le cliquetis des sabres traînant sur le pavé. Des capitaines d'état-major allaient et venaient. Les hôtels de la rue de Paris ressemblaient à des casernes peuplées d'officiers. Généraux et colonels, entourés d'épaulettes de toutes sortes, encombraient les cafés. On avait eu un premier succès du côté de Saarbruck. On l'acceptait comme une promesse.

« Ne vous y fiez pas, » avait dit un soldat du 34ᵉ de la landwehr pris dans cette rencontre, et qu'on menait aux casemates.

Il avait habité Paris et parlait le français comme un journaliste.

Conduit par le hasard, j'avisai une grande cour, devant laquelle se promenaient deux grenadiers de la garde, le sac au dos, leur bonnet à poil sur la tête. Il me passa dans l'esprit des souvenirs de Waterloo. La cour retentissait du bruit des chevaux qui entraient et sortaient.

Estafettes se suivaient à la file. Des aides de camp chamarrés d'ordres qui étincelaient sur leur poitrine fumaient au bas des perrons. On m'apprit que c'était l'hôtel de la Préfecture et que l'Empereur y demeurait. Une voiture à la livrée impériale s'arrêta auprès d'une porte vitrée toute flamboyante de lumières. Le prince Napoléon, en grand uniforme, parut, alluma un cigare, échangea quelques paroles avec un officier d'ordonnance qui sauta en selle, et la voiture qui l'emmenait partit avec fracas.

« Quelles nouvelles?

— Le Prince impérial a vu le feu et n'a pas bronché.

— Ah! » fit quelqu'un.

Le tumulte allait de rue en rue, se continuant du centre de la ville aux extrémités : du bruit, des rires, un grand mouvement, et par intervalles le sourd roulement des lourdes pièces d'artillerie qui cahotaient sur le pavé et fendaient la presse, suivies des fourgons pesants. Des soldats fredonnaient. Cette agitation me laissa froid; j'en avais vu le spectacle depuis Paris qui chantait, et le long des gares du chemin de fer de l'Est, où les convois qui marchaient en longues files faisaient des encombrements. Ce n'était par là que soldats qui buvaient, salués au passage de mille cris; quelques femmes cachées dans la foule pleuraient cependant. Ici l'insouciance s'ajoutait au bruit. Le cœur léger dont avait parlé M. Emile Ollivier battait dans toutes les poitrines. On semblait ne pas se douter que deux grands pays allaient se rencontrer dans un choc formidable.

Au petit jour j'étais debout. On aurait pu croire que la ville n'avait pas dormi. Autour de la porte Serpenoise, tambours et clairons faisaient rage; bataillons et régiments entraient et sortaient. Sur le champ de foire, des milliers de voitures, au milieu desquelles des bandes de chevaux s'ébrouaient; dehors, des milliers de tentes. J'allais à l'aventure. Les remparts me laissaient voir leurs embrasures vides. Dans la campagne, au loin, des ouvriers poussaient des brouettes, ou creusaient des tranchées. Qu'était-ce que cela? On m'apprit que la ville n'était pas armée. Et les forts? On en presse l'achèvement.

Un officier d'artillerie qui vit mon étonnement haussa les épaules. « C'est la même chose à Strasbourg, me dit-il.

— Quoi ! rien de prêt ?

— Rien. »

Les soldats avaient l'air gai ; les plus jeunes chantaient. On se racontait les épisodes de l'échauffourée de Saarbruck et l'effet des mitrailleuses qu'on avait essayées sur une compagnie allemande rangée sur la voie du chemin de fer. « A-t-elle été fauchée ! disait-on.

— Et comme ils couraient ceux qui n'étaient pas morts ! »

Bientôt après j'étais en route pour Forbach.

Que de képis et de baïonnettes à travers champs ! Les banderoles des lanciers semblaient rire, éclairées par le ciel et caressées par le vent. La fumée des cantines s'élevait dans le ciel pur. On sentait partout une odeur de café grillé. Des files de petites tentes tapissaient le flanc des collines. On entendait les fanfares des escadrons en marche. La guerre, la guerre dure et farouche, avait des allures de fête. A Forbach, le camp mangeait la ville. Dans la longue rue qui la traverse, c'était un fourmillement de cavaliers et de fantassins. Ils se montraient entre eux des fusils prussiens à garniture de cuivre et des casques à pointe ramassés dans les fossés. On riait. Parlez-moi des chassepots et des képis ! Un tapage qui n'avait ni fin ni trêve sortait des auberges, où des filles rouges tournaient autour des tables, les mains chargées de plats fumants. La grande distraction était d'aller à Saarbruck voir la ville et surtout les traces du combat. Allons à Saarbruck.

Beaucoup de gens sur la route, militaires et pékins qui vont et qui viennent. Un régiment de dragons campe dans un pré; les chevaux qui grattent l'herbe sont au piquet. Un bataillon de chasseurs fait cuire ses marmites le long d'une haie. Voici les établissements de Stiring. Des jets de vapeur et de fumée sortent des longues cheminées. Des femmes étendent du linge sur le gazon. Au loin, des forêts épaisses s'allongent. Malgré soi, on les regarde, comme si quelque chose devait sortir de leur profondeur silencieuse. Un jeune officier fait galoper son cheval dans la prairie, pousse vers la forêt et revient.

« Il n'y a rien là dedans? demande un passant.

— Là? Et que voulez-vous qu'il y ait? répond ce cavalier qui porte des broderies d'argent sur sa veste de drap bleu; c'est aussi tranquille que le bois de Boulogne. »

Il allume une cigarette et part.

Un petit chasseur de Vincennes, qui avise la voiture où j'avais pris place, s'approche : « Si vous allez à Saarbruck, vous savez, on n'y va plus.

— Et pourquoi?

— C'est la consigne..... »

On se regarde. Que faire? Reculer, sans avoir vu Saarbruck, même de loin, c'est bien bête; avancer est peut-être inutile; mais c'est bien tentant aussi.

« Ah bah! fait-on, allons toujours, on verra bien plus tard. » Et l'on fouette le cheval.

« Voilà bien les bourgeois ! on les avertit, et bonsoir ! » dit le chasseur qui rit.

Il avait une mine avenante, ce petit soldat, solidement campé sur ses hanches, les joues roses, les yeux bleus, une barbiche née de la veille, et avec ça, l'air résolu d'un bon compagnon. Il est peut-être de ceux qui ont le bâton de maréchal de France dans leur giberne.

Voici l'auberge de la Brème d'or, assise sur la frontière ; elle allonge sa façade sur la gauche de la route. Les gourmets en connaissent le chemin. Que de plats nettoyés à l'ombre de son enseigne hospitalière et de flacons vidés ! C'est à présent le quartier général du général Frossard, qui commande le 2ᵉ corps. Là-bas, ces maisons groupées derrière ce pont, c'est Saarbruck.

« On ne passe pas ! »

Une sentinelle est là qui abaisse son fusil en travers de la route. Tiens ! le petit chasseur avait raison. Un planton se présente ; les ordres sont formels, point d'exceptions ; piétons et voitures doivent rebrousser chemin. On s'attend donc à quelque chose ? Non, mais c'est la consigne.

Devant la porte de la Brème d'or, des chevaux sellés ; un va-et-vient d'ordonnances, deux ou trois lanciers qui fument leur pipe. Il faut retourner à Forbach. Sur le flanc de la route, presque à portée de fusil, toujours ces grandes forêts sombres. Elles tirent l'œil. Sont-elles gardées au moins ? Un dragon qui chemine avec nous entend la réflexion.

« Puisque le colonel a dit que ce n'était pas la peine, ce n'est pas la peine. »

Au fait, il a raison, ce militaire; de quoi nous mêlons-nous? A chacun son métier, et ceux à qui on a confié la garde de la frontière, en un pareil moment, doivent le connaître.

Nous rentrons à Forbach. Les auberges qui étaient pleines tout à l'heure regorgent de monde à présent. Dans la ville on dirait une foire dont les chalands seraient habillés en soldats. Le petit chasseur que nous avons rencontré à mi-route m'aperçoit et cligne de l'œil; je me rappelle soudain que j'ai une lettre pour le général X... Je m'approche du camarade. « Le général X...? répond-il de son air bon enfant..., vous avez de la chance, je sais justement où il est... Venez ! »

Je le suis et j'arrive en face d'une grande auberge, au beau milieu de la rue.

« C'est ce grand maigre... là, assis sur ce banc. »

Je m'approche : « J'ai pour ami le colonel d'un régiment de chasseurs dont je voudrais avoir des nouvelles. Pouvez-vous m'en donner? Le colonel du 5e?

— Il va bien, je l'ai vu l'autre jour.

— Et où est-il?

— Je ne sais pas... A Saint-Avold peut-être ou à Puttelange; mais pour sûr aux avant-postes, pas loin d'ici. »

On cause. Une voix que je crois reconnaître me fait tourner la tête. « Tiens, About ! » On se serre la main. Jules Claretie aussi est là. Les mêmes émotions nous animent, nous représentons le journalisme dans cette guerre où toutes les forces vives de la France vont être engagées, et nous avons l'amour du pays à l'égal de tous ceux qui nous entourent. Si nous faisions campagne ensemble? Tope là, c'est dit. Claretie ira préparer les logements et prendre langue à Sarreguemines, où nous nous donnons rendez-vous. About disposera sa voiture pour nous y recevoir, car il a une voiture solide, un bon cheval et un domestique qui sait se débrouiller. Moi, je retournerai à Metz pour ramasser nos petits bagages, prendre les correspondances et retirer un laissez-passer qu'on m'a promis à la grande prévôté. Un confrère qui est là nous écoute. « Moi, je reste; j'ai idée que demain il y aura du bruit dans Forbach, et je ne veux pas perdre une note de cette musique-là.

— Une bataille ici, demain ? réplique le général.

— Oui...

— Restez, si ça vous amuse, ce sera une nuit perdue. »

Je retourne à la gare pour savoir si par hasard un train file sur Metz. Tout en marchant, je rencontre un personnage officiel, fort avant dans l'intimité des Tuileries.

Le chef de gare, qui l'aperçoit, accourt tout effaré. « Tirez-moi de peine, dit-il, il y a là dix ou douze wagons dont je ne sais que faire. Ils sont bourrés de poudre, et voilà sept ou huit jours qu'ils se promènent de Sarreguemines à Forbach, et de Forbach à Metz.

On me les renvoie sans cesse, et ils me font trembler.

— Où sont-ils ?

— Là, devant vous... sur la voie... en plein vent, et point gardés encore ! Qu'un combat s'engage, — et vous conviendrez que c'est possible ; — qu'un obus éclate parmi ces wagons, et la ville saute en l'air avec la gare... je n'en dors plus. »

Je regardai ces wagons orphelins qui n'avaient ni parents, ni amis. Ils dormaient sur les rails. Point de sentinelles à côté d'eux.

« Mais d'où viennent-ils ?

— C'est un convoi qui les a apportés. Personne ne les réclame et personne n'en veut... Je vous en supplie, débarrassez-m'en. »

Il se trouva que le dignitaire auquel le chef de gare s'adressait avait autorité pour répondre à ce vœu. Il signa un ordre, et une locomotive se chargea de conduire les dix wagons en lieu de sûreté.

Point de convoi pour Metz avant une heure ou deux, juste le temps d'écrire une lettre. Tout en allant à la poste, qu'un passant m'indique, je me heurte contre un groupe au milieu duquel pérore un roulier. Un je sais quoi me pousse à m'approcher, peut-être le visage des auditeurs. Le roulier parlait d'une bataille du côté de Wissembourg. Le canon avait tonné toute la journée, il en avait vu la fumée. Les villages déménageaient. C'était un grand désarroi ; des fuyards et des blessés passaient sur la route. Lui, sans plus attendre, s'était mis à fouetter ses chevaux.

« Quels blessés ? quels fuyards ?

— Ma foi... les nôtres... les pantalons rouges. »

Ce qu'on éprouve quand on entend ces choses-là, on ne peut le dire. C'était si nouveau alors, un échec ! Depuis lors, dans combien d'autres circonstances n'a-t-on pas entendu ces mêmes paroles terribles ! Le cœur saigne et la cicatrice ne se fait jamais sur de telles blessures.

Tout pâle d'une émotion poignante, je cherche le général à qui j'avais parlé tout à l'heure. Il se met à rire en m'écoutant. « Voilà des idées ! habituez-vous donc à ces bruits qu'on fait courir !... Vous comprenez bien que s'il y avait eu un engagement de quelque importance, je le saurais... une estafette m'aurait prévenu... ne vous inquiétez de rien et allez à vos affaires. »

Je respirai bruyamment, comme un homme qu'on réveille d'un cauchemar. Deux reconnaissances s'étaient peut-être rencontrées ; le roulier avait pris peur ; des coups de carabine lui avaient produit l'effet de coups de canon, de là son récit. Je me décide à partir.

Metz était tranquille. On faisait l'exercice au Ban Saint-Martin. Un régiment d'artillerie sortait par la porte de Thionville ; même foule gaie dans les cafés.

Le lendemain, et mon firman signé et timbré par la grande prévôté de l'armée du Rhin, je me rendis à la gare, où je pris un billet pour Sarreguemines. Le convoi devait partir à dix heures du matin ; à deux heures de l'après-midi il était encore en place. D'autres entraient et sortaient, apportant et remportant des troupes ou des munitions. Les conversations allaient leur train. Tout à coup il y eut un grand mouvement de joie. On parlait d'une victoire éclatante, vingt mille morts, trente mille prisonniers, cent pièces d'artillerie conquises sur l'ennemi. L'histoire du roulier me trottait dans l'esprit. Il avait l'air si convaincu ! Et je me rappelai que d'autres qui arrivaient derrière lui, poussant leurs attelages, avaient confirmé son récit de point en point. Tout en écoutant ces conversations qui avaient l'éclat d'un bulletin, je hasardai quelques doutes, timidement, sur l'authenticité de ces nouvelles. Il fallait se mettre en garde contre des espérances prématurées ; quelles preuves avait-on de ce succès? Des regards de travers accueillirent mes observations. On murmura sourdement autour de moi, on me désigna du doigt en chuchotant. Le portier vint et me demanda mes papiers. Il avait la mine renfrognée et le sourcil menaçant; j'exhibai mon permis de circulation. « Cela ne prouve rien... il y a des personnes qui mettent des signatures où ça leur plaît !... » J'étais invité à quitter l'intérieur de la gare, décidément on me prenait pour un espion. Réclamer et me faire conduire à la prévôté, c'était perdre l'occasion de partir, j'attendis dehors. Vers trois ou quatre heures, le convoi s'ébranla. Il marchait au pas, comme un omnibus qui grimpe une côte.

Des convois passaient, filant vers Metz. L'un d'eux

regorgeait de voyageurs qui mettaient leurs têtes à la portière ; nous en faisions autant de notre côté ; on causait de wagon à wagon. Le bruit de la grande victoire s'était propagé, d'où venait-il ? On ne savait, mais le fait était certain. Elle avait fait d'étranges progrès depuis quelques instants, cette victoire. Il y avait trente mille morts, cinquante mille prisonniers, deux cents canons. Le prince royal lui-même avait été pris, d'autres disaient blessé. Blessé et pris, cela pouvait aller ensemble. Malgré moi, je ne pouvais m'empêcher de risquer quelques observations où perçait le sentiment de l'incrédulité. C'était trop beau, décidément j'étais incorrigible. Un voyageur étendit le bras d'un air furieux et me jura que l'armée prussienne était en pleine déroute. Un autre qui arrivait de Nancy avait vu l'affiche ; la victoire était imprimée sur papier blanc, le papier du gouvernement. Tout le monde se réjouissait. Comment douter après cela ? Il fallait se rendre.

Le convoi cependant continuait à marcher avec une désespérante lenteur. On avait à grand'peine dépassé Feltre et Courcelles, puis Remilly, puis Foulquemont, et la locomotive semblait poursuivre sa route avec regret. Toujours d'autres convois, charriant des chevaux, des caissons, des soldats ; toujours des régiments en marche. Enfin, nous arrivons à Saint-Avold. On s'arrête, va-t-on repartir ? Tout à l'heure, dans un instant, plus tard. On s'interroge des yeux. Les voyageurs descendent et se répandent çà et là. Le chef de gare, penché sur sa petite machine électrique, lance des questions de tous côtés et note les réponses. Il a l'air inquiet. Par moment, les réponses ne viennent plus. Un inspecteur de la ligne, barbu, fort, large des épaules, allait et venait, donnant des ordres. Des files de wagons s'amoncelaient sur les rails, les locomotives ronflaient toujours, prêtes à partir au premier signal. Un large fauteuil de cuir se trouvait dans le cabinet du chef de gare ; l'inspecteur, qui rôdait partout comme un chien de berger en peine de son troupeau, s'y jetait quelquefois, et passait la main sur son front. A mesure que les réponses arrivaient, le chef de gare les lui communiquait ; je l'avais rencontré à Paris, et m'approchant : « Que disent vos nouvelles ?

— Rien de bon ; lisez. »

La ligne était coupée à Cocheren : des uhlans occupaient Bening, au point même de la bifurcation ; on en signalait à Hombourg. Les dépêches n'arrivaient plus à Sarreguemines. Invitation de tout arrêter à Saint-Avold.

Il me prit à part : « On s'est battu toute la journée à Forbach, et l'affaire a tourné contre nous...

— Ainsi le général Frossard ?...

— Ce qui reste de son corps d'armée bat en retraite... Deux trouées ont ouvert la frontière ; la première à Wissembourg...

— Ainsi ! ce qu'on m'avait dit hier ?...

— N'est que trop vrai. »

De telles paroles, que l'on échange à voix basse, font

un mal horrible. J'avais la gorge serrée. En prêtant l'oreille, on pouvait entendre un grondement sourd, lointain, indécis. La nuit se faisait. On voyait sur le quai les hommes d'équipe qui se couchaient çà et là, et dormaient la tête sur un ballot. « Ils sont rendus de fatigue, reprit mon interlocuteur, voilà dix jours et dix nuits qu'ils sont sur pied... »

Il enfonça ses doigts dans ses cheveux touffus : « Ce n'est pas tout encore ; c'est que je réponds de mes convois...

— Que ne les ramenez-vous à Metz ?

— Impossible !... les deux voies sont encombrées... On n'y ferait pas circuler une brouette, nous sommes bloqués. »

J'avais vu en Italie la face éclatante de cette médaille qu'on appelle la Victoire ; j'en voyais le revers sinistre, la déroute. Dans ces moments-là on a froid dans les os.

« Et le pire, reprit-il d'une voix sourde, c'est qu'un parti de uhlans peut fondre sur nous à l'improviste, tout enlever ou tout détruire. »

Au dehors, la campagne était noire et silencieuse. Un vent bas et humide soufflait et se plaignait dans les arbres. Les choses prennent des aspects lugubres quand certaines idées préoccupent l'esprit. Il me semblait que tout était funèbre dans les champs assombris, dans l'horizon désert ; quelques feux de bivac au loin piquaient l'obscurité. Des hennissements affaiblis par la distance coupaient le silence. Je regardais l'arc noir d'un pont qui enjambait la tranchée du chemin de fer, en amont de la gare. Verrai-je passer sur sa voûte robuste les cavaliers allemands ? Les heures se faisaient pesantes.

On ne savait où marcher. Caisses de sucre et de biscuits, barriques de vin et d'eau-de-vie, ballots de café, colis de toutes sortes, sacs et bidons en tas couvraient la gare. Dans un coin, assise sur un sac de riz, une femme, les coudes sur les genoux, la tête prise entre les mains, pleurait. Elle avait son fils, son mari, son frère dans l'armée du général Frossard; qu'étaient-ils devenus? les reverrait-elle jamais? Elle se levait quelquefois d'un mouvement brusque, hâtait le pas, demandait : « Part-on? » puis retombait à l'écart et se remettait à pleurer.

Je vis tout à coup deux ou trois hommes qui couraient; je les suivis. Un blessé arrivait, un capitaine de la ligne. Une balle l'avait frappé au cou, près de la nuque. Il parlait, la tête tournée de côté et comme tordue. Il ne savait plus où était sa compagnie. Il s'était défendu jusqu'à épuisement des cartouches dans un chantier où des pierres de taille servaient d'abris à ses hommes. Lui-même avait fait le coup de feu. Puis il avait fallu se retirer. Les prés, les champs, les bois étaient noirs de Prussiens.

« Ah ! les bois aussi ?

— Les bois ! ils en sortaient par colonnes... c'est par là qu'ils sont venus. Au point du jour, on a vu leurs capotes, tout à coup ; ils tiraient sur nous comme on tire à la cible. Eux, on ne les voyait presque pas.

— Et ce régiment de dragons, ce bataillon de chasseurs qui étaient campés dans le pré, sur la gauche de la route, en face du bois ?

— Ah ! vous les avez vus ? Pauvre bataillon ! s'est-il rué sur ces coquins bravement ! Mais des arbres, toujours des arbres, et derrière ces arbres, des fusils à aiguille par milliers. S'il reste vingt chasseurs, c'est beaucoup ! »

Voilà un autre blessé qui arrive. Un lieutenant, celui-là, du même régiment, mais pas du même bataillon. Il a la main broyée par une balle et souffre beaucoup. A son accent, je le reconnais pour un compatriote, un Provençal. Il est de Toulon. « Bah ! dit-il, j'ai la vie sauve, c'est beaucoup ! »

Il tire un portefeuille de sa poche et me fait voir un portrait de femme et d'enfant. « C'est ma femme et ma fille... J'ai bien cru que je ne les embrasserais plus... Çà, y a-t-il un chirurgien par ici ? »

Encore un blessé, puis deux, puis trois, puis d'autres encore. On ne les compte plus. Ils se couchent partout où il y a une place vide. Des cavaliers passent et des artilleurs dont les chevaux traînent un bout de trait coupé à coups de sabre. Les Prussiens sont maîtres de Forbach.

Quelqu'un me frappe sur l'épaule. Je me retourne.

« Quand je vous le disais, que ce serait pour aujourd'hui... J'avais flairé ça ! »

C'était le journaliste curieux de voir une bataille et

qui, suivant le général X..., devait perdre son temps. Il était couvert de boue. Ses bottes, qu'il avait passées sur son pantalon, en portaient une croûte épaisse.

« C'est la fusillade qui m'a réveillé... J'ai ouvert la fenêtre. Juste en face de moi ! j'aurais payé pour choisir ma place, que je n'aurais pas mieux vu ; un brouillard de fumée blanche sortait de la forêt. Je crois que je suis resté quatre heures sans respirer. Il a fallu déguerpir enfin... des paquets de mitraille égratignaient la maison. Tenez, voilà un biscaïen qui a fait sauter le plâtre à mon côté... Je l'ai mis dans ma poche. »

Il me présenta un projectile de fer, gros à peu près comme un œuf de poule, mais rond.

« Comment suis-je arrivé de Forbach ici ? Je ne sais pas. J'ai piqué droit devant moi, évitant le chemin de fer que les uhlans parcourent, la lance au poing... Enfin, me voici.

— Ça va donc mal ? »

Il secoua la tête : « Très-mal... deux corps d'armée mis en pièces... en deux jours... vous comprenez. »

Le bruit se répandit soudain que l'Empereur allait arriver. Je courus vers l'inspecteur : « C'est vrai, me « dit-il, je viens d'en être informé par une dépêche. »

L'Empereur ! qui sait ! on allait peut-être reprendre l'offensive. La guerre était à peine commencée et on avait déjà l'ardeur de la revanche. Quel mot au lendemain de Saarbruck !

« Si vous avez sommeil, me dit l'inspecteur, il y a

un bouchon ici près où vous trouverez une chambre et un lit. »

Dormir dans un pareil moment ! d'ailleurs, n'y avait-il pas cinquante wagons sur la voie où l'on pouvait s'envelopper d'une couverture et s'étendre ?

J'attendais toujours; quoi? Je ne sais. Et pour tromper mon impatience, je marchais. Ceux qui allaient et venaient s'arrêtaient un instant, échangeaient quelques mots, puis reprenaient leur promenade. On voyait dans la nuit le bout rouge de leurs cigares comme des étincelles qui s'éloignaient et se rapprochaient. Je me trouvai à côté d'un inconnu qui devait appartenir à l'armée, si j'en jugeais par l'extrémité de son pantalon garance où tintaient des éperons et par sa coiffure. Mais à quelle arme ou à quel corps? C'est ce qu'un grand manteau qui l'enveloppait tout entier m'empêchait de voir. Il frappait les dalles d'un pied nerveux.

« Que pensez-vous qu'il faille faire? me dit-il brusquement.

— Comment, ce qu'il faut faire?

— Oui, après ces deux rencontres qui ont une importance capitale! Pour moi, je ne vois qu'un moyen de sortir de cette fournaise où l'on s'est jeté si étourdiment. Il faut traiter. »

Ce mot me fit l'effet d'un obus qui eût éclaté à dix pas de moi.

« Traiter! m'écriai-je, y pensez-vous?

— Certes! Et sans plus tarder. L'armée du Rhin est

rompue en deux tronçons. L'Allemagne est entrée en France comme un bélier; du premier coup la muraille est brisée. Vous avez vu Metz. C'est partout comme à Metz. L'imprévoyance et l'incapacité, voilà nos guides; rien ne peut plus arrêter l'invasion. C'est une avalanche d'hommes qui fond sur nous. Où sont les nôtres? On sera brave, héroïque, si vous voulez, mais on sera vaincu. C'est fatal. Donc il faut traiter et traiter au plus vite. Il ne nous en coûtera que quelques centaines de millions et peut-être une légère rectification de la frontière... un rien! Mais si on attend... c'est par milliards et par provinces qu'il faudra compter... Qu'on se hâte! »

Cet homme qui parlait dans la nuit de traiter et d'abandonner à la Prusse un lambeau de la terre française me sembla fou. « Ah! m'écriai-je, la France n'est pas morte pour deux batailles perdues! »

Me serrant alors le bras avec violence et d'une voix âpre : « Dieu vous entende! » reprit-il.

Depuis lors, au camp de Châlons, à Paris, à Orléans, à Tours, je me suis rappelé l'homme de la gare de Saint-Avold.

Le petit jour se faisait. Des lueurs pâles blanchissaient à l'horizon. L'arc du pont se dessina dans cette clarté. Des clairons se mirent à sonner, des tambours à battre. Une longue file de canons, dont les artilleurs portaient le manteau bleu, parut sur la route qui longe le chemin de fer et se mit à rouler dans la direction de Forbach. On signala l'approche du train impérial. Une action allait peut-être s'engager? Peut-être allait-on tenter de reprendre Forbach? Déjà on entend le sifflet de la locomotive. C'est bien le wagon qui porte la couronne fermée. Il s'arrête, la portière s'ouvre ; un homme en descend, escorté d'un groupe d'officiers ; on se précipite, ce n'est pas l'Empereur. C'est le maréchal Lebœuf, major général de l'armée. Une calèche légère est là pour le recevoir. Il y monte et part, suivi d'un groupe de cavaliers.

En ce moment passait dans la campagne un régiment de dragons ; le soleil levant frappait les casques et les faisait étinceler. Des fanfares éclataient. Un joyeux régiment de hussards venait après. Les chevaux hennissaient et piaffaient dans l'air frais du matin. La rosée brillait dans l'herbe.

Cependant de minute en minute arrivaient des soldats épuisés par la fatigue ou par la perte du sang. Ils se traînaient. Quelques-uns tombaient comme des masses en posant le pied dans la gare. Assis, leurs fusils entre les jambes, ils ne pouvaient plus se relever.

Parfois on allait au-devant de ceux qui débouchaient par les chemins. Que de misères! L'un de ces blessés, un chasseur de Vincennes, attira mon attention. Il avait l'épaule fracassée, une balle dans la hanche et la trace d'un coup de sabre en travers du front. Comment avait-il pu franchir la distance qui sépare Forbach de Saint-Avold, c'est ce qu'il était impossible de comprendre. Il releva la tête. Il me reconnut en même temps que je le reconnaissais. « Hein ! me dit-il avec un sourire triste, ce n'est plus à présent que vous irez à Saarbruck ! »

Il souffrait visiblement, mais se tenait droit; seulement ses joues n'étaient plus roses. « Nous nous sommes bien battus, me dit-il; mais voilà, ils étaient les plus nombreux... »

On le coucha sur des sacs; un chirurgien, qui avait les mains rouges, fit à la hâte un premier pansement avec des débris de linge. Le chasseur le regardait faire : « J'ai mon compte, dit-il, mais j'ai voulu mourir entre amis. »

L'inspecteur accourut, comme j'étais immobile en face de cet humble soldat, et me tirant par la manche : « Si vous voulez rentrer dans Metz, hâtez-vous... le train va partir.

— Mais si des colonnes d'attaque sont formées pour reprendre Forbach, je voudrais bien...

— Voilà ce qui vous occupe ? Eh bien ! demandez à ce capitaine d'état-major qui arrive, porteur de dépêches, et vous verrez ce qu'il en pense. »

L'officier m'écoute. « Reprendre l'offensive en ce moment... » dit-il, et il hausse les épaules.

« A présent que vous êtes convaincu, partez-vous ? »

Je regardai le chasseur. « Oh ! il peut monter avec vous... On évacue les blessés qui sont ici. »

Tous les wagons étaient déjà presque pleins. Il n'y avait plus que le wagon impérial chamarré d'écussons à l'aigle d'or. On en ouvrit les portières toutes grandes :

4.

« Oh! ne vous gênez pas... mais entrez vite seulement! »

Déjà trois ou quatre blessés avaient pris place dans cet intérieur richement capitonné. J'aidai le petit chasseur à monter. Il n'avait plus aucune force, mais ne se plaignait pas. En tombant sur les coussins de soie, son sang coula et en tacha les franges et les passementeries. « Oh! » fit-il d'un air honteux et doux, comme s'il avait commis une faute.

Je m'assis auprès lui. Il s'assoupit bientôt dans une espèce de somnolence interrompue par des frissons. Quelquefois il ouvrait subitement les yeux et je l'entendais qui murmurait : « C'est fini, bien fini! »

Toujours ces quatre mots, toujours les mêmes. J'essayai de lui donner confiance. Il m'écoutait et secouait la tête. Puis l'épuisement lui faisait de nouveau fermer les yeux, et, quand il les rouvrait : « C'est fini, bien fini! » reprenait-il.

Un instant, il attacha sur moi ses yeux animés par la fièvre et, comme s'il eût répondu à une question que je ne lui adressais pas : « Je suis de Phalsbourg, » me dit il.

A notre arrivée à Metz, on le coucha sur une civière; il me serra la main, sourit encore, et, comme on l'emportait dans une ambulance : « Allez, me cria-t-il en agitant sa main libre, c'est fini, bien fini! » Le lendemain, je le cherchai et ne le trouvai plus.

Les terribles syllabes du petit chasseur me poursuivirent longtemps, et après chacun de nos désastres, la nuit, aux prises avec une agitation fiévreuse, bien souvent il me semblait entendre une voix triste qui disait : « C'est fini, bien fini ! » J'attachai à ces mots funèbres un sens symbolique, un sens prophétique. Il ne s'agissait plus du soldat de Phalsbourg, mais de la France ! de la France qui reculait de Wœrth à Orléans, de Montargis au Mans, de l'Alsace à la Normandie, de la Lorraine à la Sologne !

Plus tard, j'ai revu ces provinces teintes de sang, et en présence de ces populations viriles, animées de l'esprit de persévérance, debout dans leur résignation et leur espoir, rivées à la France par l'ardeur patiente et robuste du patriotisme, j'ai pu me dire : « Non, ce n'est pas fini... il y a la force, mais il y a Dieu ! »

Amédée Achard.

Neufmoutiers, 30 novembre 1872.

LES
VILLES LIBRES D'ALSACE

A qui l'Alsace doit-elle appartenir?
Voilà une question dont l'énonciation seule étonnera puissamment les hommes du xxiie siècle. Quoi! diront-ils, il y a eu, avant nous, des temps sauvages où l'on doutait qu'une province, une région, une ville, un homme s'appartinssent à eux-mêmes! Le cerveau humain était donc bien étroit, la culture humaine avait donc fait bien peu de progrès, la couche de barbarie qui l'étouffait était donc bien épaisse, pour qu'une telle question pût surgir et que le problème ne fût pas résolu avant même d'être posé! Les hommes qui habitent l'Alsace, — ceux-là, — Romains, Gaulois, Keltes, Germains, Juifs, Chrétiens, Catholiques ou Réformés; — qui l'ont défrichée, cultivée, arrosée, ensemencée,

enrichie; qui ont groupé les villages, endigué les canaux, aménagé les forêts, fécondé les guérets de ces belles régions; qui ont donné à la pierre de ses cathédrales l'élégance et la grandeur idéales; — enchâssé dans des poésies originales le génie spécial de la race avec sa nuance et sa lueur, avec son accent propre et son énergie native; — ceux qui ont formé leurs propres *Guilds*, administré leurs municipalités, ici selon la formule latine et la coutume des Romains conquérants, là selon le goût et la tradition des Keltes ou des Germains; — ceux qui ont créé leurs Universités, répandu et cultivé la science; administré, agi, rêvé, pensé, réalisé la vie sociale pour eux-mêmes; soit qu'ils aient adopté le luthéranisme ou conservé la vieille croyance catholique; soit que (Israélites) ils aient professé, sous la pression des races ennemies et haïssantes, sous la persécution, dans les tortures supportées avec l'acharnement hébraïque, leur culte oriental de Jéhovah; — tous ces hommes de races diverses sont les Alsaciens; à eux est le pays. Il leur appartient. Veulent-ils s'annexer à d'autres? Qu'ils le fassent, qu'ils choisissent. C'est à eux seuls de décider.

Et ils ont décidé, ils choisissent la France.

Ils émigrent par bandes, ils fuient par troupes, ils s'exilent par bataillons, ils abandonnent leurs anciens foyers et passent en France, aujourd'hui que l'affreuse guerre soumet leur sol à l'Allemagne. Leur attache à la France n'était point diplomatique. Elle était de cœur.

Elle n'avait rien de forcé, de contraint, de douloureux, d'artificiel, de servile. Elle était libre comme la volonté et comme l'amour. L'Alsace avait éprouvé, depuis les temps féodaux, la dure loi des caprices guerriers et des exactions ecclésiastiques, l'impérieuse et avide domination des évêques, la lointaine mais redoutable étreinte des empereurs. Mille fois dans toutes ses localités, dans ses vallées charmantes, sur ses montagnes, dans ses hameaux et ses vignobles, elle avait vu les hommes de la Force ravager, piller, massacrer, s'entr'égorger. Elle avait protesté hautement, civiquement, par la création de ses *Villes libres* (Frey-Stædten). Elle avait souvent résisté. Les bourgeois de *Mulhausen*, de *Colmar*, d'*Altkirch*, avaient refusé souvent les péages exigés par les nobles; — souvent ils avaient chassé les hommes d'armes ou leur avaient fermé la porte de leurs villes; des tentatives réitérées, obstinées, incessantes, que le malheur des temps réduisait à l'impuissance, avaient affirmé leur indépendance. Vains efforts. Tout ce qu'ils avaient pu obtenir s'était réduit à la protection intéressée du pape ou du roi de France, à quelques lambeaux de libertés communales arrachés aux empereurs et aux évêques, à quelque allégement sous la pression des féodaux.

Le joug multiple qui pesait sur l'Alsace lui venait surtout de l'Allemagne. Aussi était-ce l'Allemagne qu'elle détestait; le germanisme féodal lui imprimait une cuisante et saignante blessure. Elle essaya de conclure avec la Suisse des ligues ou des alliances que les intérêts ennemis brisèrent sans peine. N'ayant ni le grand bouclier protecteur des Alpes helvétiques, ni les redoutables piéges de ses sentiers dans les roches périlleuses, ni ses lacs aux bordures de glaciers et ses remparts naturels, forteresses inexpugnables, — l'Alsace fut contrainte de laisser barons et ducs, évêques et suzerains, Autrichiens et Badois, se heurter dans ses plaines ouvertes et couvrir de sang ses villages incendiés.

Sur notre rive droite du Rhin, tout était ruine.

Plus cette situation durait, plus l'Alsace s'irritait contre l'autre rive et devenait amoureuse de la France. Les deux tiers de la population restèrent catholiques. Les hommes civilisés des grandes villes apprirent le français. *Schœpflin* (1), l'érudit le plus exactement profond, l'homme de la plus haute probité, l'esprit le plus net et l'âme la plus excellente, se rangea l'un des premiers sous la bannière française, que toutes les intelligences supérieures se hatèrent d'adopter. Loin de se dépeupler comme cela arrive aujourd'hui, l'Alsace se peupla de nouveaux colons et de nouveaux citoyens. On ne rejeta ni la vieille langue populaire, ni les vieux usages de la patrie, témoignage et preuve d'indépendance personnelle. Non-seulement on garda le dialecte rude du pays, mais on cultiva la langue mère, la langue allemande, le

---

(1) Auteur de l'*Alsatia illustrata*, des *Vindiciæ Celticæ*, membre de notre Académie des inscriptions.

hoch deutsch; l'exégèse biblique, née en Germanie, fit à Strasbourg des élèves remarquables. Forte de ces deux forces, l'Alsace prospéra, française de cœur, semi-allemande de langage.

Quand la Révolution française éclata, l'Alsace jouit pleinement de ce bienfait; elle se sentit plus libre, plus heureuse et plus fière, plus elle-même, que toutes nos provinces de France. L'Alsace germanisée avait plus souffert que nulle autre. Son essence était agricole, civique, bourgeoise, et comme le disent les Teutons, *heimlich.* Son génie était anti-aristocratique. Elle renaissait donc doublement au souffle libéral et anti-féodal de notre Révolution.

Lisez les romans caractéristiques de deux Alsaciens coalisés, M. Erckmann et M. Chatrian, vous y verrez décrit, avec une admirable simplicité, ce génie de leur race, brave sans désir de guerroyer, apte aux arts, industrieux, paisible sans inertie, et sentimental sans faiblesse. Ce génie n'est ennemi ni de la vie guerrière, ni de la vie politique; rustique, doux et fort, il fait passer avant tout et planer sur tout la FAMILLE et la LIBERTÉ. Par la Révolution française, ses penchants étaient servis, leurs développements favorisés. Catholique ou luthérien, juif ou calviniste, libre-penseur ou croyant, ne parlant que le français ou seulement le teutonique, marchand, prêtre, soldat, on pouvait être une de ces choses, à son gré. Même respect pour tous les citoyens et pour toutes les familles. Plus de petits barons tranchant du tyran. Plus de contraintes ecclésiastiques. Point d'entraves aux mariages mixtes. Rien d'analogue à la situation effroyable de l'Allemagne, entre 1650 et 1815, celle que retracent les livres de *Gustave Freytag*, de *Weber*, surtout le *Simplicissimus*, ce roman burlesque et odieux, miroir exact des cruautés, des infamies et des iniquités subies par les peuples allemands de ces époques. Rien d'équivalent ou de possible. Après la Révolution française, l'Alsace ne pouvait voir renaître ni les hypocrisies de *Wœllner* et de *Bischofswerder*, ni les corruptions de *Gentz* et de *Wiesel*. Le régime impérial, de 1801 à 1820, lui fut pénible. Napoléon Ier et sa conscription n'allaient pas à sa bonhomie indépendante. Mais elle aimait encore mieux le napoléonisme que l'absurde régime des quatre-vingt-dix-sept petits États allemands de la rive gauche du Rhin : arbitraire et ridicule régime, imitation grotesque de la cour de Versailles; iniquités de toute espèce; les sujets parqués et vendus par leurs petits princes comme des bêtes à corne. Qu'on lise Pœllnitz, le chevalier Lang, les margravines de Bayreuth et d'Anspach, Remling, les Lettres récemment publiées de Caroline von Schlegel, Forster, on saura quelle odieuse trace ont laissée sur les deux rives, gauloise ou française, allemande ou teutonique, les priviléges des nobles allemands, le nombre des couvents, le servage rustique, les droits féodaux, les corvées, les tailles, les dîmes, le trafic des emplois, le cynisme du haut sacerdoce, la vénalité des juges, l'incohérence de l'administration et les règlements vexatoires, contradictoires, barbares, encouragés et autorisés par la Constitution électorale.

En 1792, tout ignorante qu'elle était, la masse des habitants des bords du Rhin, à gauche et à droite, s'éveilla et ouvrit les yeux. L'Alsace, plus pure de mœurs que ses voisines, plus enracinée dans les coutumes patriarcales de sa vie domestique, elle qui, avec joie, était déjà devenue politiquement française depuis Louis XIV, s'ébranla d'une double émotion, quand la Révolution sonna sa grande heure de délivrance. Double émotion et double joie : elle s'éloignait de l'odieuse féodalité allemande, et se rapprochait, en embrassant la France, du régime qu'elle avait rêvé pour ses vieilles villes libres.

Depuis longtemps d'ailleurs la France avait favorisé ce mouvement. Tel était l'intérêt de Louis XIV; Richelieu et Mazarin le savaient. Destructeurs de la féodalité française, ils étaient adversaires nés de la féodalité allemande. Déjà Henri IV avait tendu sa main loyale aux républicains suisses, voisins de l'Alsace, plus heureux que leurs frères de la plaine. Les villes « forestières » limitrophes de l'Alsace et de la Suisse avaient, grâce à Louis XIV, été déclarées neutres, c'est-à-dire libres. L'argent du grand roi largement répandu lui avait créé sur la rive gauche un monde de serviteurs zélés. Quatre évêques, six princes, un nombre considérable de barons, tous allemands, étaient à la solde de Louis XIV, dont ils copiaient l'attitude, imitaient les créations et singeaient de leur mieux la magnificence galante. Il y avait là toute une *France allemande*, comme dit Pœllnitz; quand ses prodigalités l'avaient mise aux abois, les subventions de Louis XIV la relevaient. On recrutait de ce côté des troupes mercenaires, pillardes, féroces, mais braves et solides, inébranlables et inexorables, que Turenne commanda longtemps; ces mêmes soudards qui se ruèrent sur le Palatinat, égorgèrent leurs compatriotes, brûlèrent leurs villes, et laissèrent dans l'histoire la calomnie qui nous impute ces massacres.

Voilà les vérités de l'histoire, les faits qui ne flottent pas à la surface des livres vulgairement écrits et vulgairement feuilletés; voilà les faits réels, qu'il faut puiser dans les documents incontestés et peu consultés.

L'Alsace française se réjouissait donc et s'enorgueillissait d'être française. Les électeurs ecclésiastiques du Rhin étaient les pensionnaires de Louis XIV; douze régiments d'infanterie allemande, six régiments de cavalerie allemande, dont le nombre fut porté ensuite à vingt-cinq, commandés par des princes voisins du grand fleuve (*Salm-Salm, Royal-Allemand, Furstenberg*, etc., etc.), marchaient fraternellement avec nous sous nos drapeaux, et s'en faisaient gloire.

Le Rhin était plus français qu'allemand. L'invasion des mœurs et de la civilisation françaises était universelle. Frédéric le Grand l'acceptait. Catherine II l'adoptait. Ganganelli s'en accommodait. Kaunitz s'en plaignait. Walpole écrivait sur le modèle de Mme de Sévigné. Il y avait une littérature française à Berlin, une autre à Lausanne, une à Genève, une en Russie et dans les extrêmes latitudes du nord, au Canada même et en Suède. De Richelieu à Napoléon, nous avons gardé la place magnifique et de supérieure propagande, que les Grecs de Périclès, les Romains de Scipion, les Espagnols d'Isabelle et les Italiens de Léon X avaient occupée. « Les Français, comme le dit plaisamment l'un des « rédacteurs d'une Revue humoristique allemande, ont « très-longtemps tenu le premier violon, en Europe, et « dirigé l'orchestre. » La civilisation était à nous. Il n'était aucunement nécessaire d'augmenter nos conquêtes ; l'Europe venait à nous ; Turenne, connaisseur exact et bon observateur, donnait à cet égard de sages conseils à Louis XIV. Il aurait voulu que nous profitassions de cette suprématie sans la pousser trop loin ; il n'aurait même pas désiré que la France s'étendît jusqu'au Rhin. L'Alsace, ennemie naturelle de l'Allemagne, nous servirait mieux, pensait-il, comme annexe militaire que comme province incorporée. D'autant plus française par les tendances et les souvenirs qu'elle avait pâti plus amèrement sous la dure inhumanité féodale, l'Alsace restait la même, soit que notre pays se l'assimilât, ou qu'elle fût détachée et libre, mais protégée par nous. Elle empêchait les deux grandes masses de se heurter, comme les tampons dans le jeu des machines adoucissent ou annulent les chocs destructeurs. Dans tous les cas, elle gardait son caractère mixte, son parler demi-tudesque et son cœur anti-allemand.

« Non, lui disent aujourd'hui docteurs, précepteurs, diplomates et guerriers, les Allemands vainqueurs, vous êtes purs Allemands. Vous le serez malgré vous. Vous vous confondrez dans l'unité allemande. C'est à nous que vous appartenez par le droit comme par le fait. Nous vous avons civilisés ; vous nous devez tout ; jadis nous vous avons tirés de la barbarie, aujourd'hui nous vous arrachons aux Français !

« Vous êtes éclos dans notre nid, votre développement est le nôtre, votre essor est allemand, votre accent et votre dialecte sont allemands comme vos mœurs. Obéissez-nous donc. Rentrez, de gré ou de force, dans votre famille allemande. Sinon, voici un code, des magistrats et des châtiments. Toute infraction à l'unité allemande sera punie comme un attentat. Le centre d'absolu pouvoir a tout droit contre vous, vous n'en avez aucun contre lui. A titre de confédérés, vous n'aurez ni garantie contre les abus du centre vainqueur, ni contrôle assuré, ni protection ou refuge. Votre administration intérieure est à nous. Vos enfants sont à nous, leur sang et leurs biens sont à nous. Toute autonomie vous est enlevée et doit l'être, puisque le moyen âge vous reprend et que l'Allemagne féodale vous saisit. Elle vous tend ses bras maternels, n'essayez pas de vous soustraire à ses embrassements terribles ; voici le Code pénal, antique et sacré ; amendes, prison, rigueurs excessives, la mort, selon le caprice ou le bon plaisir de la patrie allemande; nous la représentons, nous vainqueurs, nous tout-puissants! Obéissez, payez, marchez! — Et aimons-nous! »

Cette argumentation est belle. Seulement il y a erreur dans les faits. Une région n'appartient pas à qui la dévaste; la nationalité ne dépend pas de l'idiome; la civilisation de l'Alsace n'est point germanique, mais romaine. Les Keltes en occupèrent d'abord le sol comme ils occupèrent toute l'Europe; les Romains vinrent ensuite, vrais civilisateurs primitifs, traçant les routes, construisant les villes, leur imposant les noms aujourd'hui subsistants, la *Colonie* d'Agrippine, ou *Cologne* (Kœln); — « Argentoratum » ; — *Moguntiacum* ou « Mayence » ; — semant de monuments romains les deux rives du fleuve et surtout la rive gauche, la nôtre. M. Maximilien de Ring, après Schœpflin et plusieurs autres, a recueilli ces beaux vestiges de la civilisation latine qui a créé l'Alsace. A ces deux couches, keltique et romaine, est venue se joindre, en se superposant, la couche moralisatrice et puissante du nouveau christianisme catholique ; celle des Winfred et des évêques. L'Alsace avait appris de Rome à porter le glaive comme un bon soldat, et à se discipliner énergiquement; à pousser fortement la charrue et à tailler la vigne. Sa seconde éducation, celle des lettres et des arts, fut toute chrétienne, due aux missionnaires, protégée par les couvents, qui eurent leurs défauts sans doute, mais qui firent une grande œuvre. Plus tard seulement, quand tout ce labeur fut achevé, ce travail accompli ; quand les pampres garnirent les pentes des collines ; quand, rivales de Toulouse et de Nîmes, Trèves et Spire s'élevèrent, villes romaines ; quand toute une civilisation agricole, commerçante, ecclésiastique, guerrière, fleurit, s'étendit, grossit et se mira orgueilleuse dans les eaux du Rhin ; — alors seulement les hommes de l'autre rive, plus pauvres, plus neufs, plus grossiers, parlant le patois teutonique de leurs vallées, passèrent le fleuve, et s'établirent, chrétiens aussi, chrétiens à demi sauvages, dans la belle région qu'on leur avait préparée.

Voilà sur quoi se fonde le droit prétendu des Allemands.. L'Alsace, qu'ils donnent pour germanique, l'est de seconde ou de troisième main.

Certes la romanité primitive, le latinisme d'Alsace, entre le vi^e et le xe siècle, après avoir cultivé, défriché, enseigné, mis la civilisation sur sa route, ont reculé peu à peu (1) dans les localités rustiques, faibli et cédé la place à l'émigration nouvelle venue de l'autre rive ; le mouvement de la décadence romaine donnait beau jeu à la barbarie. Chaque famille teutonne, chaque clan de nouveaux venus eut sa maison dans les bois et les vallées, son *home*, son *heim* : *Hildesheim* (maison de Hild), — *Rappoldsheim* (maison de Rappold). La ville

(1) V. *Ausone, Salvien, Sidoine Apollinaire*.

du Trésor romain, *Argentoratum*, devint le *Burg de la Route* (Strasbourg) ; et la belle *Colonie* d'Agrippine se transforma en *Kœln*. Ces rudes métamorphoses n'influèrent en rien sur la vie sociale des villes. Rien de fécond, de puissant, d'agréable, de supérieur ne sortit de cette immigration allemande. Seulement les villages se multiplièrent, portant tous la finale *heim*, signe de la retraite et de l'asile (*home*) du paysan germanique, signe en même temps de son émigration toute récente.

Le pays d'Alsace, enclave gauloise, kelte d'origine, romain par la culture, chrétien par les mœurs, ne doit donc rien à la Germanie antique. Il doit encore bien moins à l'Allemagne féodale, qui a fait de lui le théâtre de ses disputes, le cirque de ses combats, la sanglante arène de ses ambitions et de ses férocités. Jusqu'à l'époque de Louis XIV et de Turenne, il y règne une confusion inexprimable ; les ducs d'Autriche combattent les évêques ; les évêques portent le glaive et le heaume. Les barons de la rive droite, comme ceux de la rive gauche, s'entre-détruisent ; on brûle, on pille et l'on massacre. Le roi de France, l'empereur germanique, le pape prennent part à la curée ; on s'arrache les lambeaux des *libres communes*. Les *villes libres* essayent en vain de dégager leur indépendance et d'émerger paisibles du sein de ce cahos. L'afflux germain, l'alluvion teutonique, formé surtout de gens qui cultivent la terre, souffre plus que tout le reste. Écrasés sous le poids, manants et bourgeois ne peuvent que courber

5.

la tête en maudissant les seigneurs. A l'époque où Dante exilé par les Guelfes venait écouter à Paris les leçons de Sigier et *s'asseoir sur la paille de la rue du Fouarre;* où les papes d'Avignon étalaient leur scandale devant la chrétienté ; où *Philippe le Bel*, roi de France, brûlait les Templiers sur la place publique; où les ignorants et les fanatiques des campagnes d'Alsace égorgeaient deux mille juifs ; où les chevaliers teutons entraient par la brèche dans les *villes* naguère *libres*, qu'ils démantelaient et pillaient ; où les légistes du roi de France et les secrétaires des chancelleries trouvaient de bonnes raisons pour tout cela ; — quelques pâtres, guidés par leur instinct, abrités par leurs rocs, protégés par leur pauvreté même et la simplicité de leurs mœurs, réclamaient, non pas la monarchie universelle telle que Dante la demandait pour les empereurs allemands, mais l'indépendance personnelle, le droit de s'appartenir; ils réalisaient ce droit ; ils affirmaient ainsi la seule vraie politique, non pas celle de la conquête, mais de la conservation, chacun gardant et protégeant le sol où Dieu l'a placé.

Ainsi fit la Suisse.

Les habitants de l'Alsace ont été moins heureux.

Ils n'ont pas pu s'appartenir. Aujourd'hui même on prétend qu'ils ne doivent pas choisir leur mode de vie. On ne veut pas qu'ils s'appartiennent, parce que, dit-on, ils parlent allemand.

Les pédants affirment que la nationalité dépend de l'idiome ; il n'y a rien de plus faux et de plus ridicule.

Ainsi Genève et Lausanne, le Canada et la colonie berlinoise devraient revenir à la France ! L'Angleterre reprendrait les États-Unis ; les Albanais de la Grande Grèce se rejoindraient à ceux de l'Épire ; le pays de Galles, où l'on parle un dialecte armoricain, ne ferait plus qu'un avec la Bretagne française, avec l'Écosse des montagnes, avec l'Irlande anglaise !

Prétention absurde !

Voici ce qui est vrai :

La civilisation antique de l'Alsace, fille de Rome, s'est complétée irrégulièrement, lentement, par secousses, par fractions, de mille pièces ; la mosaïque de ses groupes bariolés, distincts, est infinie ; amas de contrastes. Pas de petit hameau (*heim*) qui n'ait ses coutumes spéciales ; ici latines, avec des inscriptions, des monuments et des tombeaux de sénateurs ; là luthériennes ; plus loin catholiques et ardemment, passionnément catholiques ; plus loin évangéliques, rationalistes, réformées ; enfin israélites ; nulle part germaniques.

Elle n'est donc allemande d'aucune manière.

Comment aurait-elle pu l'être. Voyez ce qu'ont fait de cette région aimable et forte les guerriers de la Germanie féodale. Consultez à ce sujet un livre récemment publié : l'Histoire d'une seule petite bourgade, de *Hürtigheim*, aux portes de Strasbourg (1). Après la

---

(1) Eine Elsæssische Landpfarrei, Geschichtliche Mittheilungen über Hürtigheim, von A. Erichson, Pfarrer daselbst. *Strassburg*.

guerre de Trente-Ans, la désolation des campagnes était telle en Alsace, et la misère si profonde, que les croisées de l'église (brisées par les soldats germains depuis 1630) n'étaient pas encore réparées ; en 1682 seulement on se mit à l'œuvre, et l'on acheta un pauvre *calice d'étain*, avec une *patène* de même métal, tant on avait peur des allemands furieux, qui depuis trente ans dévastaient tout.

Ainsi sont traitées les races qui ne peuvent point s'appartenir.

Philarète Chasles.

LE CANON

Le silence imposant et la nuit solennelle
Planent sur le rempart où, debout dans le vent,
Le mousqueton au bras, veille une sentinelle
Auprès d'un gros canon tourné vers le levant.

Le fort est un de ceux qui virent le grand siége ;
Et jadis, quand sonna l'heure du désespoir,
Sur ses glacis croulants, alors couverts de neige,
Dans le ciel de janvier, a flotté l'aigle noir.

L'engin, lourd et trapu sur son affût difforme,
Naguère vint ici de Toulon ou de Brest ;
Et les vainqueurs étant gênés du poids énorme,
Ce monstre est resté là, toujours braqué sur l'est.

L'artilleur est un fils d'Alsace, et sa patrie
Est, au nom des traités, territoire allemand ;
Il est simple servant dans une batterie.
N'ayant plus de foyer, il reste au régiment.

Mais, cette nuit, il est hanté de rêves sombres,
Et son cœur que l'espoir des combats remuait
Doute à présent. Il est seul, parmi les décombres,
Entre ces murs criblés et ce canon muet.

Il songe à son pays, dans ce coin solitaire.
Hélas ! les jeunes gens émigrent de là-bas ;
Ses parents sont trop vieux pour labourer la terre
Et leurs filles, ses sœurs, ne se marieront pas.

La revanche promise, il n'y compte plus guère.
Combien de temps avant que nous nous rebattions ?
Et déjà les Prussiens, prêts pour une autre guerre,
Ceignent Metz et Strasbourg de nouveaux bastions.

Tout lui rappelle ici les désastres célèbres.
Etre proscrit, c'est plus qu'être orphelin et veuf !
Ce drapeau qu'il entend claquer dans les ténèbres,
Mieux vaut ne pas le voir, car c'est un drapeau neuf.

Alors, pris d'une fièvre ardente, il remercie
La consigne qui l'a près d'un canon placé,
Et, comme fit, dit-on, l'Empereur en Russie,
Pose son front brûlant sur le bronze glacé.

Tout à coup le soldat tressaille et devient pâle,
Car il vient de s'entendre appeler par son nom ;
Et cette voix, profonde et grave comme un râle,
Cette voix qui lui parle, elle sort du canon :

Enfant, ne pleure pas. Espère et patiente !
Ce vent qui vient souffler dans ma gueule béante
    M'arrive du côté du Rhin ;
Il me dit que là-bas l'on attend et l'on souffre,
Et c'est comme un écho d'Alsace qui s'engouffre
    Et qui murmure en mon airain.

J'entends les moindres bruits que cet écho m'apporte.
Le vieux maître d'école a beau fermer sa porte
    Et faire très-basse sa voix,
Devant les écoliers, palpitant d'espérance,
Il déroule, en parlant du cher pays de France,
    La vieille carte d'autrefois.

J'entends une chanson qui n'est pas allemande,
Chez ce cabaretier qu'on mettrait à l'amende,
    Si quelque patrouille passait ;
Et voilà des volets qu'on ferait bien de clore,
Si l'on veut conserver ce haillon tricolore
    Que tout à l'heure on embrassait.

J'entends un cri d'horreur s'échapper de la bouche
Du paysan lorrain qui s'arrête, farouche,
  En découvrant dans son sillon
Une tête de mort à l'effroyable rire,
Et ramasse un bouton tout rouillé pour y lire
  Le numéro d'un bataillon.

La prière de l'humble enfant qui s'agenouille,
Le soupir de la vierge auprès de sa quenouille,
  Et les sanglots intermittents
Des vieux parents en deuil et de la pauvre veuve,
Toutes ces faibles voix gémissant dans l'épreuve,
  Je les entends, je les entends !

Et toi, tu douterais, quand nul ne désespère
Dans le pays natal où sont encor ton père,
  Ta mère et tes deux jeunes sœurs ?
Cette nation-ci, souviens-toi donc, est celle
De Bertrand du Guesclin, de Jeanne la Pucelle,
  Et chasse ses envahisseurs.

Jadis, la guerre sainte a duré cent années ;
Des générations furent exterminées ;
  Paris sous l'étranger trembla ;
Anglais et Jacquerie à la fois, double tâche ;
Charles Six était fou, Charles Cinq était lâche ;
  Vois. Les Anglais ne sont plus là.

Ces Allemands fuiront aussi. — Quand ? Je l'ignore ;
Mais, un jour, du côté que je menace encore,
    Vers ceux-là que nous haïssons,
Je vous verrai partir, pour ravoir vos villages,
Alsaciens, Lorrains, au trot des attelages,
    Et secoués par les caissons.

Vous traînerez alors ces canons de campagne
Qui franchissent le pont et grimpent la montagne,
    Dorés au soleil radieux ;
Et moi, le témoin noir et triste des défaites,
Je ne pourrai vous suivre à ces lointaines fêtes ;
    Je suis trop lourd, je suis trop vieux.

Mais je pourrai du moins, vieux dogue, aux Invalides,
Annoncer à Paris vos marches intrépides
    Avec mon aboi triomphant.
— De créer des héros la France n'est pas lasse ;
Et le simple soldat qui dort sur ma culasse
    Est peut-être Turenne enfant.

François Coppée.

LA
LÉGENDE DE LUDRE

Au printemps de 1870, je suivais à cheval les bords de la Moselle entre Chavigny et Ludre ; la nature s'épanouissait gaiement sous les rayons du soleil ; les oiseaux s'appelaient à travers le feuillage, la rivière se tordait comme un grand serpent argenté au milieu des prairies parsemées de fleurs ; les paysans chantaient presque aussi joyeusement que les oiseaux, et ce coin frais et gai de la Lorraine faisait songer aux décorations de théâtre où les villages à demi cachés dans la verdure, les collines et les bois sont placés de façon à réjouir et charmer le regard du spectateur.

En quittant cette vallée pour revenir à Nancy, je pris un chemin qui côtoie la forêt de Maron ; j'avais à peine fait un quart de lieue, quand j'aperçus dans un endroit solitaire une multitude de petites croix de bois noir, serrées les unes contre les autres, et presque enfouies sous les herbes qui croissaient au pied d'une haie d'aubépine. Ces croix avaient un étrange aspect ; elles représentaient un cimetière en miniature, et cependant l'idée ne me vint pas que des enfants s'étaient amusés à les planter là ; elles avait un certain air antique et lugubre et devaient être protégées par un sentiment religieux ou par une croyance quelconque, car la culture du champ s'arrêtait à quelques pas du terrain qu'elles occupaient, et autour d'elles l'herbe n'était foulée par aucun pied profane. Quelques-unes d'entre elles, couvertes de mousse et rongées par le temps, s'inclinaient vers la terre, tandis que d'autres, moins anciennes, étendaient leurs petits bras noirs au-dessus des fleurs qui se montraient timidement à leur pied. C'étaient de pâles marguerites, des plantes sauvages, du serpolet odorant ; la végétation terne et triste s'harmonisait avec le mystère de ce lieu.

Je m'arrêtai pour examiner ces croix, comme si cet examen avait pu me faire connaître leur origine, et je vis alors, à peu de distance, un vieillard assis à l'ombre de la haie ; sa figure vénérable exprimait le calme d'une conscience tranquille, et son costume indiquait plutôt l'aisance que la pauvreté.

Je m'avançai vers lui et je lui demandai s'il était du pays.

« Je suis né dans ce village, l'année 1785, » répondit-il ;

et en même temps sa main maigre et tremblante me montrait Ludre.

« Vous savez probablement alors pourquoi ces croix sont là ? »

Il fit un signe de tête affimatif et garda le silence.

« Voulez-vous me le dire ? ajoutai-je.

— Si vous le demandiez aux *nouveaux* du pays, ils vous raconteraient une chose qui n'est pas vraie, et qu'on a inventée pour mal parler des gens auxquels on doit du respect ; mais cette histoire est fausse, entendez-vous.

— Eh bien ! puisque vous savez la vérité, dites-la-moi. »

Le vieillard me regarda avec défiance.

« Avant de m'interroger, reprit-il, vous en avez interrogé d'autres; sans cela, vous ne seriez pas là, à regarder ces croix.

— Je n'ai interrogé que vous, répliquai-je, et le hasard seul m'a conduit ici.

— C'est que, voyez-vous, il y a deux légendes, celle du bon Dieu et celle du diable. »

Le bonhomme avait évidemment envie de raconter aussi la légende du diable, et, pour le satisfaire, je la lui demandai.

« Il y a bien des années, dit-il, dans le temps où ce pays-ci était un duché, comme on appelait ça, les seigneurs de Ludre étaient très-puissants ; ils épousaient, quand cela leur faisait plaisir, les filles des ducs qui rénaient à Nancy, et ils rendaient la justice dans leurs domaines. Quand ils étaient bons, la justice allait bien; mais quand ils étaient tant soit peu méchants, dame ! la justice s'en ressentait. Or, il y a deux ou trois cents ans, une de nos comtesses, veuve d'un seigneur de Ludre, gouvernait ici, parce que son fils était encore trop jeune pour mener les choses, et l'on raconte que cette dame, qui était un peu vive, fit brûler à cette place son curé, avec lequel elle avait eu quelques petites difficultés. Moi qui ai travaillé pour le château pendant soixante-dix ans, je sais bien qu'il y a dans cette maison-là des caractères vifs, c'est vrai, faudrait pas trop les agacer ; mais quant à brûler un curé, je mettrais ma main au feu que pas un ne l'a fait, ni de notre temps, ni autrefois ! Ça n'empêche pas qu'on raconte cette histoire, et l'on assure que ces croix sont tombées du ciel, comme une pluie, pour prouver que le curé y est monté tout droit. J'ai toujours eu idée que c'est le gouvernement qui fait courir ces bruits-là, à cause des élections, et pourtant les choses qui se sont passées il y a trois cents ans ne regardent plus personne ; il n'y a guère que le curé actuel que cela pourrait contrarier, et il ne s'en occupe pas du tout, car il va dîner au château sans la moindre inquiétude. »

Je savais que la maison de Ludre descend en ligne directe et légitime de Robert, duc de Bourgogne, fils de Robert II, roi de France ; qu'elle s'est alliée deux fois aux princes de Lorraine, et que, en 1522, l'armée qui battit les Allemands, près de Saverne, dans la guerre des Rustauds, était commandée par Nicolas de Ludre, mais j'étais néanmoins convaincue que jamais aucune femme de cette maison n'avait joui d'un crédit assez illimité pour brûler un curé comme on brûle une allumette, et ma conviction à cet égard, que j'exprimai au bonhomme, lui donnant momentanément confiance en moi, il ne se fit pas prier pour raconter la légende du bon Dieu.

« Autrefois, reprit-il, tous les seigneurs de Ludre allaient à la guerre, et, dans ce temps-là, il y avait des croisades qui étaient des batailles pour la religion, comme qui dirait les batailles de Moïse. Or donc, quand nos seigneurs partaient, l'ange gardien du château partait avec eux; et, la poste marchant très-mal à cette époque, l'ange se chargeait de donner de leurs nouvelles; aussitôt qu'un comte de Ludre était tué, il revenait ici et plaçait une croix à côté des autres. Autant il y a de croix, autant il y a eu de guerriers morts en combattant, et je viens, hélas! de découvrir une menace de malheur!

— Qu'avez-vous découvert? »

Le vieillard écarta de la main une touffe d'herbes, et me montra deux espèces de trous de souris, creusés dans la terre.

« Vous ne comprenez pas, dit-il.

— Non. »

Il haussa les épaules et ajouta :

« Chaque fois que les seigneurs de Ludre partent pour faire la guerre, leurs fosses s'ouvrent là et ne se ferment qu'à leur retour. Il y a deux héritiers du nom : ces trous n'étaient pas là hier, ils y sont aujourd'hui ; comprenez-vous ?

— Je comprendrais si nous avions la guerre, mais fort heureusement nous ne l'avons pas. »

Le vieux paysan secoua la tête et me lança un regard de dédain.

« Les descendants de vos anciens seigneurs sont militaires, probablement? ajoutai-je, pour renouer la conversation.

— Non.

— Mais alors que redoutez-vous donc? »

Pour toute réponse, le bonhomme me montra une seconde fois, d'un geste impérieux, les deux petits trous qui étaient à ses pieds.

« L'ange ne se trompe jamais; il est là, dit-il en étendant la main vers des rochers qui dominent le château de Ludre, et au delà desquels s'étend la forêt. Il est là, debout depuis plus de huit cents ans! Il ne ferme jamais les yeux; il ne se croise jamais les bras !

— Il doit être horriblement fatigué ! L'avez-vous vu quelquefois?

— Non, mais il y a des gens dans le pays qui ont eu plus de chance que moi. Il se promène souvent le soir dans la forêt; on le rencontre au fond d'un ravin sous les arbres les plus sombres, sur la mousse la plus épaisse, et quand il entend quelqu'un passer dans le chemin, il s'avance ! C'est aux femmes surtout qu'il se montre!

— Cela prouve une disposition bienveillante à leur égard.

— Il est possible que les anges aient quelques petites faiblesses ; on ne peut pas savoir ! Mais ce qu'il y a de certain, c'est que les femmes qui l'ont aperçu sont tombées la face contre terre et se sont relevées le visage ensanglanté. Du reste, voilà le soleil qui se couche, et si vous voulez descendre dans le ravin, vous rencontrerez peut-être l'*esprit gardien*. »

Je connais tous les sentiers de la forêt : pour arriver au fond du ravin, on suit un chemin à pic semé de pierres roulantes, et je ne me souciais pas d'exposer mon cheval à tomber sur le terrain rocailleux, et à se relever ensanglanté comme les bergères auxquelles l'ange apparaît ; ne pouvant espérer qu'un esprit céleste, employé depuis huit cents ans à des fonctions spéciales aussi actives, aurait le loisir de guider à travers l'obscurité les pas de mon fidèle *Jupiter*, je suivis tout simplement la route, après avoir dit adieu au vieillard, et bientôt je ne songeai plus ni à lui, ni aux croix, ni à l'ange.

Deux mois après, la vallée de la Moselle était envahie par une armée victorieuse ! Les Allemands occupaient les villes et les villages de la Lorraine, qu'ils considéraient comme terre conquise ; les fourgons roulaient sur les routes, emportant les moissons des paysans ruinés ; les troupes ennemies marchaient avec ordre dans le pays dévasté, et les échos répétaient le bruit des combats !

C'était comme un rêve fantastique, comme une amère et sanglante dérision du sort pour ceux qui, se souvenant des grandeurs de la France, la croyaient invincible!

On avait jeté à la frontière une armée incomplète, manquant de vivres sur le sol même de la patrie, manquant de munitions au milieu de ses plus riches arsenaux, et cette armée était vaincue !

Après avoir vu passer les débris du corps de Mac-Mahon, nous voyions arriver les vainqueurs par légions innombrables ; mais ces vainqueurs exprimaient par des gestes de terreur, et par des mots allemands entremêlés de quelques mots français, que, là-bas, à Reichshoffen, ils avaient laissé un grand nombre des leurs sur le champ de bataille. Ils disaient : « *Mac-Hon, todhen!* morts! *todhen!* morts! » Puis ils montraient leurs blessures, répétant toujours : *Mac-Hon! Mac-Hon!*

Et aujourd'hui encore le prestige du vaincu est resté tel aux yeux de l'ennemi, qui a payé si cher la victoire, qu'on voit, à Reichshoffen, un arbre, au tronc duquel est attachée l'inscription suivante :

« Ici fut le maréchal Mac-Mahon pendant le combat!
« Défense de toucher à cet arbre, à ses branches et à
« ses feuilles! »

Au moment où la Lorraine était en feu, je l'ai traversée non sans peine, et passant à Ludre, je me souvins du champ funèbre. Aucune croix n'avait disparu ; les chariots, l'artillerie, la cavalerie avaient suivi la route étroite, sans fouler ce petit coin de terre.

Le vieillard était encore là, mais non pas comme je l'avais vu deux mois avant, assis, au soleil, sous l'aubépine en fleur; il était à genoux, écoutant la grande voix du canon qui se mêlait, le 18 août, à un violent orage, de telle sorte qu'on ne pouvait plus distinguer le tonnerre du ciel du tonnerre de la terre; les éclairs jetaient des lueurs fugitives sur la Moselle, et des sons formidables roulaient dans l'air.

Le vieillard était si complétement absorbé par sa prière, que je fus obligée de l'appeler deux fois. Il me reconnut à l'instant, me montra les deux ouvertures béantes au milieu des herbes déjà desséchées, et me dit :

« Ils sont à l'armée tous les deux. Je savais bien que *notre ange* ne se trompe jamais, et j'avais raison de trembler pour les enfants que j'ai vu naître ! Voilà leurs deux tombes ouvertes, et Dieu seul sait si une croix se dressera dessus, ou si une fleur s'y épanouira pour prouver que les branches doivent revivre. »

A cette heure-là, au bruit de la défense de Metz, sous l'impression des éléments déchaînés, en face de ces pronostics qui m'avaient fait sourire quelques semaines plus tôt, je sentis mon âme envahie par une superstitieuse croyance !

Le château, dont j'apercevais la toiture, servait de campement à un détachement prussien ; le châtelain faisait partie de l'armée de Paris, et l'autre descendant de cette vieille race se battait sur les remparts de Toul, car, tandis que la Lorraine abandonnée devenait, de tous côtés, la proie de l'ennemi, une défense partielle arrêtait devant Toul la marche rapide des conquérants ; et cette défense eut pour résultat d'empêcher, jusqu'à la fin de septembre, toutes communications directes entre Versailles et l'Allemagne. Deux bataillons de mobiles composaient les seules forces de la place, et un de ces bataillons était commandé par le comte Auguste de Ludre, qui a donné l'exemple du plus absolu dévouement à la patrie.

Dans sa jeunesse, il avait fait, comme volontaire, la campagne de Crimée; devenu officier, il fit aussi celle d'Italie, pendant laquelle il fut remarqué par le maréchal Canrobert, qui le choisit pour officier d'ordonnance. Puis, en se mariant, il avait donné sa démission, car il n'aimait la carrière militaire qu'en temps de guerre, et aucune pensée d'ambition ne trouvait place dans son esprit chevaleresque.

Mais, en 1870, dès le premier appel aux armes, il quitta l'heureuse retraite dans laquelle il vivait, entre sa jeune femme et ses enfants, pour reprendre son épée, et cette fois il fit à son pays un sacrifice beaucoup plus grand qu'en risquant sa vie, car il partit avec la certitude de perdre la vue. Atteint d'une maladie des yeux qui exigeait un traitement suivi, il savait que les fatigues d'une campagne rendraient sa guérison impossible ; mais il n'écouta aucun avertissement, se souvint seulement que *noblesse oblige*, et voulut défendre un coin de cette Lorraine défendue et servie par ses ancêtres depuis huit siècles.

Toujours au premier rang sur les remparts, il passa les nuits sur la terre humide et les jours sous le soleil ardent; ses yeux, brûlés par la poudre, s'affaiblissaient d'heure en heure, mais il restait debout à son poste, ne distinguant plus, à travers l'obscurité qui se faisait autour de lui, que le chemin de l'honneur ! En dépit de son infirmité croissante et des souffrances qu'il endurait, il commanda son bataillon avec une merveilleuse activité, veillant lui-même sur toutes choses, et servant à la fois de chef et de père aux jeunes soldats inexpérimentés que son exemple entraînait !

Je revins en Lorraine au printemps de 1871 : comme au printemps précédent, le soleil dorait de ses riants rayons la vallée de la Moselle ; le sol ne portait pas l'empreinte de sa servitude ; aux moissons enlevées par les vainqueurs, succédaient des espérances de riches moissons, et la rivière, qui avait charrié des cadavres, coulait calme et transparente, sans se souvenir des morts cachés dans son sein.

Les petites croix étaient toujours là ; des fleurs nouvelles croissaient à leur pied, mais le vieillard n'y était plus.

Je continuais ma route en songeant à lui quand, tout à coup, je l'aperçus marchant lentement, appuyé sur un rustique bâton.

Je m'arrêtai et il s'arrêta aussi ; l'année qui venait de s'écouler avait lourdement pesé sur sa tête ; sa haute taille s'inclinait et sa voix tremblait.

6.

« Ils sont revenus, me dit-il.

— Je le sais, répondis-je ; je viens de compter les croix.

— Ah! *vous croyez* donc enfin! s'écria-t-il d'un air triomphant. Il y en a un qui est revenu sain et sauf, après s'être battu, pendant cinq mois, sous les murs de Paris; mais l'autre... »

Ses larmes l'empêchèrent de continuer; il passa la main sur ses yeux, et reprit :

« Je viens de chez lui; j'ai voulu le revoir avant de mourir, mais il ne m'a pas vu, car il est aveugle! Celui qui faisait si bravement marcher ses soldats ne peut plus marcher sans un appui, sans un guide, et cependant il est toujours gai, toujours fort! Pas une plainte ne s'échappe de ses lèvres, et un sourire perpétuel éclaire son visage. On croirait que son âme voit des choses joyeuses, invisibles à nos yeux!

— C'est l'ange gardien de sa race qui les lui montre.

— Oui, c'est l'ange! Et maintenant que vous ne riez plus de mes vieilles histoires, maintenant que *vous croyez*, je vais vous dire ce que j'ai vu.

« Pendant la guerre, l'ange m'est apparu une nuit! Il était entouré d'un rayon plus éclatant que les rayons du soleil, et ses pieds blancs marchaient sur un nuage bleu. Je vivrais encore autant d'années que j'ai vécu, sans oublier un seul trait de son visage. Eh bien! ce matin, quand je suis entré dans la cour du château d'Art, qui est là-bas, sur les bords de la Meurthe, j'ai reconnu tout de suite le comte, que je n'avais pas vu depuis longtemps.

Il était assis, à l'ombre d'un tilleul, et ses yeux, fermés pour toujours, ne voyaient pas le bel enfant qu'il tenait dans ses bras et qui jouait avec son ruban de la Légion d'honneur! Puis, debout à côté de lui, j'aperçus l'ange! D'abord je crus rêver, mais c'était bien la même figure douce et le même regard tendre, dans lequel brillent des larmes qui ressemblent à des diamants!

«J'allais me mettre à genoux, quand tout à coup l'enfant s'écria en se jetant dans les bras de l'ange :

« Vois donc, maman, le bonhomme qui te regarde et
« qui pleure; il a peut-être faim, il faut lui donner du
« pain! »

Comtesse de Mirabeau.

LE
RHONE & LE RHIN

.

I

Le 21 octobre 1872, l'inondation du Rhône fut si menaçante, que plusieurs habitants de la banlieue d'Avignon, pris au dépourvu par cette crue subite, furent obligés de se réfugier dans la ville, où le fléau est moins redoutable qu'en rase campagne. C'est ainsi que se trouvèrent réunis, à la table d'hôte de l'*Hôtel d'Europe*, vers sept heures du soir, quelques personnes, de physionomie, d'opinion et de profession bien différentes: l'abbé Sorel, curé d'une des plus pauvres paroisses du voisinage; M. Darbel, ingénieur attaché au service de nos digues départementales; le commandant Bérard, chef d'escadron des pontonniers; M. Bouchot, un des chefs du parti républicain; mon ami d'Hermelin, riche propriétaire des environs; son fils Maurice, à peine majeur et déjà décoré pour sa belle conduite dans l'armée de la Loire; et enfin l'auteur de ce court récit.

Nous étions tous plus ou moins trempés par la pluie, qui ne cessait, depuis huit jours, de faire grossir notre fleuve. Au dehors, des bruits lugubres; l'ondée et la rafale qui battaient contre les vitres; les cris des bateliers qui se dirigeaient, à travers l'obscurité croissante, vers les maisons menacées, le sifflement du vent du sud-est, le grondement lointain du tonnerre, le sourd murmure des wagons qui, en passant sur ces immenses nappes d'eau, ressemblait à un présage sinistre. Au dedans, un bon feu, un éclairage suffisant, un dîner fort acceptable, surtout pour des naufragés.

Comme toujours, on commença par s'observer et par se taire. Puis d'Hermelin, qui connaissait l'ingénieur, le curé et le commandant, fit venir quelques bouteilles de vin de Châteauneuf, qu'il offrit poliment à tous les convives. Les verres se remplirent; cette généreuse et chaude liqueur triompha du malaise général; les langues se délièrent.

On parla d'abord de l'inondation. Mais comment ne pas glisser sur la pente et s'abstenir de politique, le 21 octobre, le lendemain des élections partielles, quinze jours avant la rentrée de l'Assemblée? Un de nous, — ce fut moi peut-être, — se croyant spirituel et n'étant que maladroit, — s'avisa de comparer le fleuve débordé aux passions populaires, et les digues surveillées par l'ingénieur aux mesures nécessaires pour sauver la société. Ce n'était pas neuf; mais s'il est vrai, d'après le Sage, qu'il n'y a rien de nouveau sous le soleil, c'est encore plus vrai sous la pluie.

Le républicain riposta; le curé dit son mot, l'ingénieur intervint, le commandant proposa de jeter un pont sur l'abîme; l'ami d'Hermelin, un cœur d'or, commençait à perdre son sang-froid. Bref, la conversation banale menaçait de dégénérer en dispute, quand la porte s'ouvrit pour livrer passage à deux nouveaux personnages.

Jamais coup de théâtre ne fut plus rapide et plus magique. La maîtresse de l'hôtel, la bonne et pieuse Mme Pierron, connue de tous les touristes du monde, était entrée avec les nouveaux venus et me dit tout bas quelques mots à l'oreille ; mais nous n'en avions pas besoin pour deviner d'où ils arrivaient et qui ils étaient.

Évidemment le père et la fille. Elle avait seize ans ; lui, cinquante. Il était grand, maigre, un peu voûté ; ses cheveux, qui avaient dû être blonds, étaient gris, sa moustache grise aussi et un peu longue, son teint hâlé, ses joues sillonnées de rides; une casquette de drap; le ruban rouge à sa longue redingote; une physionomie martiale qui eût semblé dure si ses yeux n'avaient eu une ineffable expression de douceur et de bonté ; chaque fois qu'ils se fixaient sur sa fille, cette douceur devenait de la tendresse, une tendresse exaltée et consacrée par la douleur.

Elle !... Henriette Browne, Charles Marchal, Gustave Doré n'auraient pas voulu, s'ils l'avaient aperçue, d'autre type pour représenter l'Alsace, notre héroïque Alsace, plus chère depuis que nous l'avons perdue, plus française à mesure qu'on nous la prend.

En effet, c'était l'Alsace qui nous envoyait ces deux émigrés. Ils avaient opté pour nous; ils avaient quitté leur terre natale pour conserver leur patrie.

Notre émotion fut profonde, électrique, irrésistible. Nous nous levâmes tous. Le vieux prêtre s'avança vers le vieux soldat, lui prit la main, et se retournant vers nous :

« Tout à l'heure, nous dit-il, nous avons fait de l'esprit de parti ; ceci, c'est le patriotisme, c'est la France ! »

Pas un d'entre nous ne fut tenté de le contredire.

A son tour, d'Hermelin, devenu notre interprète, s'approcha du vétéran et le pria de nous faire l'honneur de s'asseoir à notre table. Il n'eût pas parlé à un prince avec plus de courtoisie et de respect.

La vraie dignité n'a pas de sots scrupules quand elle se reconnaît au milieu des siens. L'Alsacien accepta; je remplis son verre. Il but peu et mangea encore moins. Maurice ne mangeait plus du tout ; il regardait timidement la jeune fille.

Elle s'appelait Agathe. Son père nous raconta l'histoire simple et triste dont nous avions sous les yeux la dernière page. Il se nommait Marc Stiller. Fils d'un garde forestier de Molsheim, il s'était engagé, à dix-neuf ans, dans un régiment d'infanterie. Il avait fait la plupart de nos belles campagnes d'Afrique, au temps du maréchal Bugeaud, de Changarnier et de Lamoricière. La guerre de Crimée l'avait trouvé lieutenant; il en était revenu capitaine et chevalier de la Légion d'honneur. A cette époque, on croyait qu'il n'y aurait plus de guerre. Marc Stiller rapportait de Sébastopol, outre son grade et sa croix, un rhumatisme et une blessure. Une fiancée l'attendait au pays; il prit sa retraite et se maria. Quinze mois plus tard, sa femme mourut en lui donnant une fille. Ce cœur de soldat et de père avait concentré sur Agathe toute sa puissance d'affection; le trésor était immense.

Nous causâmes jusqu'à minuit. Il nous semblait à tous que nous connaissions et que nous aimions Marc Stiller depuis des années. Il nous donna, sur l'émigration alsacienne, une foule de détails pathétiques qui nous désolaient et que nous ne nous lassions pas d'entendre. La confiance s'établit si vite et si bien, que je n'hésitai pas à lui demander ce qu'il comptait faire et quelles étaient ses ressources.

Il me répondit simplement qu'il avait vendu à quarante pour cent de perte tout ce qu'il possédait; ce n'était pas lourd : une maisonnette et une vigne ! Il avait de quoi vivre honorablement pendant trois ans. Pendant ce temps, il chercherait un emploi. Il avait été comptable au régiment ; son écriture était bonne ; il savait un peu de géométrie, d'arithmétique et de dessin linéaire. On lui avait conseillé de solliciter une petite perception ou un bureau de tabac ; mais, disait-il, j'aimerais mieux être régisseur à la campagne, avec de grands espaces autour de moi ; un brave homme de propriétaire qui me traiterait en ami ; un peu de chasse ; de temps en temps un lièvre ou une perdrix dans ma gibecière ; de bons chiens que je dresserais pour le maître de la maison... Agathe est déjà une ménagère....

A minuit, après de cordiales poignées de main, nous nous séparâmes.

II

J'entrai dans ma petite chambre avec une disposition singulière ; j'étais très-fatigué, et je n'avais nulle envie de dormir. Les quelques verres de vin que j'avais bus contre mon habitude, loin de brouiller mes idées, m'avaient prêté cette espèce de lucidité bizarre, presque surnaturelle, qui fait de la raison l'esclave docile de l'imagination, et qui nous explique comment des buveurs de profession, tels qu'Hoffmann et Edgar Poë, ont su donner à leurs rêves une réalité si puissante. Mon cerveau souffrait d'un trop-plein de clartés, favorable aux hallucinations de toutes sortes. J'aurais pu dire de combien de centimètres le Rhône avait crû depuis douze heures, de quelle couleur étaient les yeux et les cheveux d'Agathe, et pendant combien de minutes son père nous avait parlé. Dans cette chambre où quatre personnes n'auraient pas pu tenir à l'aise, je croyais voir passer tour à tour les fermiers avec leurs attelages fuyant l'inondation, les bateliers s'empressant au sauvetage, les pontonniers courant sur les digues, les Alsaciens optant pour la nationalité française, les émigrants entassés dans les gares avec leur mince bagage, Maurice se battant contre les Prussiens, Marc Stiller tirant sur un lièvre, Agathe regardant son père et Maurice avec le sourire *mouillé* dont parle Homère.

A la fin, mon bougeoir s'éteignit; la fatigue dompta cette surexcitation nerveuse. Je m'endormis; quel sommeil! un cauchemar; les mêmes images, les mêmes visions que pendant cette longue et orageuse veillée, plus confuses seulement, plus incohérentes, enveloppées d'une brume transparente qui me semblait flotter entre l'invraisemblable et l'impossible, entre le visible et l'infini.

Peu à peu cette brume se dissipa, et je me trouvai en face d'une maison de campagne que je reconnus parfaitement : c'était le mas des Aubiers, situé entre le Rhône et la Camargue, propriété de mon ami d'Hermelin. Rien n'y manquait : la façade blanche avec ses fenêtres vertes, le jardin et son berceau de noisetiers, la grande allée d'aubes ou peupliers blancs qui avait donné son nom à l'habitation, le pavillon à côté du corps de logis; plus loin, les saules, les oseraies et les tamaris; plus loin encore, des *garrigues* entrecoupées de marécages ; puis les étangs, puis la mer. A travers ce vaste paysage à demi noyé dans le brouillard, des bœufs et des chevaux à peu près sauvages paissant en toute liberté ; le long du mur qui séparait le jardin de la grande allée, deux anneaux de fer auxquels étaient amarrés les deux bateaux de pêche, avec leurs rames et leurs filets.

Que de bonnes journées j'avais passées jadis au mas des Aubiers, où, tous les ans, en automne, d'Hermelin invitait ses amis d'enfance, ses compagnons de chasse, les fidèles camarades de son heureuse jeunesse ! Que de joyeuses haltes dans les cabanes de pêcheurs, où l'on nous servait la classique *bouillabaïsse* sur de grands plats jaunes, l'omelette à l'huile, la salade à l'ail et le fromage de brebis ! Que de kilomètres vaillamment arpentés à la poursuite des *gangas*, des courlis et des perdrix rouges ! Que d'heures d'attente, à l'affût, la nuit, dans le bateau, tandis que nous entendions siffler sur nos têtes les sarcelles et les canards ! Que de douces causeries, le soir, devant l'âtre, pendant que la femme du garde faisait rôtir au feu de sarments le gibier de la veille ! Tous ces souvenirs me revenaient en foule, aussi nets, aussi distincts, que si mon rêve m'avait laissé les sensations de la vie réelle.

Tout à coup j'aperçus, dans l'allée, un jeune homme et une jeune fille, qui se promenaient à pas lents, les mains enlacées : leurs regards se disaient tout ce que se disent les fiancés et les amoureux : la jeune fille rayonnait ; le jeune homme portait un uniforme d'officier de cavalerie, avec la croix en sautoir ; c'étaient Agathe et Maurice. Ils venaient à moi ; absorbés dans leur tendresse, ils ne me voyaient pas ; leurs pieds craquaient sur les feuilles sèches, tombées au souffle d'octobre ; j'allais leur parler, quand un immense nuage, teinté de sang, entremêlé de lumière et d'ombre, vint les dérober à ma vue. Ce fut comme un tourbillon gigantesque, retentissant, terrible, où s'ébauchaient vaguement des armées fantastiques, où résonnaient tous les bruits de la guerre : le canon et les mitrailleuses, le tambour et le clairon, la voix des chefs, le cri des blessés, l'explosion des obus, le sifflement des balles, le galop des chevaux, le grincement des chariots et des fourgons ; symphonie redoutable, suivie de chants de victoire et de fanfares triomphales.

Bientôt ce nuage remonta vers le ciel ; Agathe m'apparut de nouveau ; cette fois, elle était seule. Elle accourut à ma rencontre. Son charmant visage, pâle, mouillé de larmes, exprimait un incroyable mélange d'angoisse, d'enthousiasme et de joie. Cette expression vraiment surhumaine faisait songer aux martyrs de la primitive Église.

« Victoire ! victoire ! me dit-elle ; Maurice est blessé... ils disent que c'est grave ; mais je le guérirai... et l'Alsace est à nous !... Vive la France !... »

III

Je me réveillai : il était sept heures ; le temps avait changé dans la nuit ; un rayon de soleil glissait à travers les rideaux et pénétrait dans ma chambre.

Je m'habillai à la hâte, et j'ouvris ma fenêtre pour aspirer cette première brise du mistral, qui nous annonce d'ordinaire la fin des inondations.

Ma fenêtre donnait sur la cour ; l'appartement de mon ami d'Hermelin et de son fils, situé de l'autre côté, me faisait face. En bas, à gauche de la porte d'entrée, il y a un banc de bois, peint en vert, sur lequel se sont assis bien des hommes célèbres, de passage à Avignon ; depuis Horace Vernet jusqu'à Mérimée ; depuis Listz jusqu'à Thalberg ; depuis le duc de Luynes jusqu'à Victor Cousin.

Maurice d'Hermelin, accoudé à sa fenêtre, regardait dans la cour, et je n'eus qu'à suivre la direction de ses yeux pour reconnaître l'objet de sa contemplation matinale. Agathe était assise sur le banc ; elle lisait ou avait l'air de lire son *Guide-Joanne*.

Elle me parut encore plus jolie que la veille. Une douce pâleur ajoutait un charme de plus à la pureté de son front, à la blancheur de son teint, à la mélancolie de son regard, aux nuances exquises de ses cheveux blonds, à la candeur virginale de toute sa personne. C'était Dorothée, c'était Charlotte, Thécla, Marguerie ; mais elle avait pour moi un immense avantage sur ses poétiques sœurs ; elle était Française, deux fois Française.

Je ne tardai pas à descendre ; la première figure que je rencontrai au bas de l'escalier, ce fut mon vieil ami d'Hermelin ; il était radieux.

« La nuit porte conseil ! me dit-il gaîment.

— Et le conseil doit être bon, si j'en juge par ton air de contentement.

— Oui, je le crois, et tu seras de mon avis. D'abord, il faut que tu saches que ce brave Alsacien, cet honnête Marc Stiller, a fait ma conquête... là, du premier coup... je viens de le revoir, et je lui ai proposé...

— Quoi donc ?

— D'être mon régisseur et de s'installer au mas des Aubiers, où il sera comme chez lui. Il habitera le pavillon avec son aimable fille ; il aura droit de chasse et de pêche, surveillera la rentrée de mes fermages, tiendra mes comptes, présidera aux *ferrades*, traitera avec les municipalités pour les courses de bœufs, gouvernera mes trois gardes. Malgré mes soixante ans, je suis encore bon marcheur et chasseur passable... Nous irons le voir de temps en temps, avec Maurice... Tu seras des nôtres...

— Et il a accepté ?

— Avec ravissement... Eh bien ! quoi ?... qu'y a-t-il là de si extraordinaire ?... Qu'as-tu à me regarder avec des yeux hébétés ?...

— C'est que je me disais, mon vieux Jacques : Il peut y avoir, en ce triste monde, des hommes aussi bons que toi... mais de meilleurs, non, non, je te défie de les trouver !... le mas des Aubiers, c'est bien cela... le berceau de noisetiers, la grande allée, le pavillon, le jardin, les deux bateaux, il me semble que je les vois...

— Parbleu ! j'espère bien que tu les reverras !...

— Dis-moi, Jacques... Tu es riche, tu es d'ancienne noblesse... As-tu des préjugés ?...

— Hum ! De naissance et de fortune, très-peu... d'honneur et d'honnêteté, beaucoup... Mais où veux-tu en venir ?

— A rien, moi... à rien... je ne sais trop ce que je dis... Ce vin de Châteauneuf, une flamme !... On a mal dormi, on a rêvé, on croit rêver encore... C'est absurde, les rêves !... Le pavillon... Agathe à la fenêtre .. l'Alsace... Brave Stiller !... j'extravague... La guerre, le canon, le tambour, la revanche... Ah ! que Dieu protége Maurice !... Vive la France ! »

Armand de Pontmartin.

25 octobre 1872.

LE RETOUR

I

Voici le récit de l'Enfant.

Mon père était brasseur à Strasbourg et retiré du service depuis douze ans, quand la guerre fut déclarée. Il avait été lieutenant au 6ᵉ de ligne et n'avait quitté l'armée que pour se marier. Un soir, il rentra chez nous pour dîner et s'assit à table sans rien dire. Nous en fûmes bien étonnés, car ce n'était pas son habitude ; il aimait à causer avec maman, quand il ne jouait pas à la main chaude avec ma petite sœur Marianne ou avec moi.

Après dîner, maman lui dit, tout inquiète :

« Qu'as-tu, Kaufmann ? Est-ce que les affaires vont mal ?

—. Les nôtres, non, dit-il; j'ai reçu ce matin une commande de trois cents barriques de bière pour Paris, et une de cent vingt barriques pour Nantes. Si ça continue, je serai obligé d'agrandir ma brasserie et de doubler le nombre de mes ouvriers.

— Eh bien! c'est ça qui te fait rêver?

— Non, c'est autre chose. La guerre est déclarée aux Allemands. Je viens de voir l'affiche sur le mur. »

Marianne s'assit sur ses genoux, lui prit la barbe à deux mains, l'embrassa à *la pincette*, et lui dit :

« Tu m'emmèneras voir la guerre, n'est-ce pas? Et tu emmèneras Charles aussi. »

Il le promit, et nous sautâmes de joie, ma sœur et moi ; et nous faisions pif, paf, pan! en faisant semblant de tirer sur les Prussiens, moi surtout, parce que les garçons aiment toujours mieux cet exercice que les petites filles, et que j'avais déjà onze ans, tandis qu'elle n'avait que sept ans.

A la fin, le bruit devint si fort, qu'on nous envoya coucher.

II

Le lendemain soir, papa nous dit qu'il allait partir. Maman ne voulait pas. Papa dit qu'il le fallait, qu'on rappelait sous les drapeaux tous ceux qui avaient servi, que les officiers manquaient, qu'il fallait donner l'exemple, que la guerre serait rude, qu'il y avait beaucoup de conscrits, et qu'enfin c'était (je me souviens de ses propres paroles) *aux vieux soldats de la frontière de donner l'exemple.*

Maman pleura beaucoup. Elle voulait qu'il fût à la maison pour nous défendre. Marianne le voulait aussi ; elle s'accrochait au pan de son paletot pour le retenir. Enfin, il consentit à rester jusqu'aux premières batailles. « Je verrai, dit-il, comment la guerre tournera. Si ça tourne bien, je vous promets de ne pas vous quitter. Si ça tourne mal, je partirai. Ce serait la premiere fois qu'un Alsacien serait resté au coin de son feu quand la France est en danger. »

Maman l'embrassa, Marianne aussi, moi aussi. Après ça, je m'en allai sur la place pour jouer aux billes avec les autres gamins du quartier ; mais, ce soir-là, on ne fit que se partager en deux camps et se battre à coups de pied et à coups de poing. Nous faisions tantôt les Français et tantôt les Prussiens, afin que chacun pût être vainqueur à son tour. Les Prussiens avaient la permission d'être traîtres ; mais, c'est égal, ils étaient toujours battus.

Quinze jours après, on apprit que les Français avaient été vaincus à Wissembourg, à Wœrth, à Forbach ; que les Prussiens, étant quatre contre un, allaient inonder l'Alsace et faire le siége de Strasbourg, qu'on les voyait arriver par centaines de mille comme les mouches en été, et qu'ils passaient déjà les Vosges.

Tout le monde fut consterné. On n'aurait jamais cru ça. Mon père prit son fusil de chasse, des cartouches préparées d'avance, embrassa ma mère, ma sœur Marianne et moi, et partit avec cinq de ses ouvriers qui le suivirent dans la montagne pour aller à la chasse aux Allemands.

En partant, il dit à ma mère :

« Je te laisse ici pour surveiller la brasserie et les affaires et pour garder les enfants. D'ailleurs, tu risques moins à Strasbourg que partout ailleurs. Si les Allemands l'assiégent, ils s'y casseront les dents. C'est aux gardes nationaux sédentaires de faire le service des places. Moi, je vais tenir la campagne avec les jeunes gens... Adieu. Tu m'aimeras toujours, n'est-ce pas, Christine ? Et tu parleras de moi aux enfants, matin et soir, pour qu'ils ne m'oublient pas, si je ne dois plus revenir. »

Pauvre père ! Nous l'accompagnâmes jusqu'à une demi-lieue de la ville, car le chemin de fer était déjà coupé, et nous revînmes tristement, tous trois, à la maison.

III

Quelques jours après, les Prussiens, les Badois et tous ces gueux qui venaient autrefois nous demander l'aumône ou du travail, s'établirent autour de Strasbourg. Tout le monde prit les armes, les bourgeois comme les ouvriers, et se mit à monter la garde sur les remparts. On disait : « Qu'ils viennent donc à l'assaut, ces Schwaubes, ces brigands. Ils seront bien reçus ! Qu'ils viennent donc tâter un peu la pointe de nos baïonnettes ! »

Et c'est vrai qu'ils auraient été bien reçus ! Mais cette race n'aime pas à se battre de près. C'est trop dangereux. Du haut de la cathédrale, on les voyait remuer le terrain, creuser des trous, construire des retranchements. Tout le monde pensait : « Que font-ils donc là-bas ? Est-ce qu'ils ne vont pas bientôt commencer la danse ? »

Comme on en était là, tout à coup, un matin, on entend un grand bruit, pan ! et puis un sifflement, *pschiiit*, et un obus tombe sur la boutique du père Birsch, le cordonnier, qui mangeait sa soupe avec Mme Birsch et les sept petits Birsch. L'obus enfonce le toit, crève le premier étage, tombe dans la soupière, fait deux grands trous, l'un dans la table et l'autre dans le plancher, et va éclater entre les jambes du père Kolichkowski, un vieux Polonais qui travaille depuis trente-huit ans dans la maison Birsch.

Le pauvre père Kolichkowski était camard de naissance; mais ça lui fut très-utile dans cette circonstance; comme le nez était court, l'obus n'en put emporter qu'un petit morceau. Malgré tout, c'était si habilement fait, qu'on aurait cru que quelqu'un l'avait coupé par malice avec des ciseaux, et, pendant quelques instants, les gamins s'assemblèrent dans la rue, et moi avec eux, demandant à voir la blessure terrible du père Kolichkowski.

Mais nous eûmes bientôt fini de rire, car le bombardement devint de plus en plus fort. Nous voyions presque toutes les maisons s'écrouler l'une après l'autre. A tout moment, on apprenait que quelqu'un avait été tué ou estropié parmi nos amis ou nos parents. Enfin maman, voyant la rue à moitié démolie, nous emmena, Marianne et moi, dans les casemates. Là, du moins, nous étions à l'abri ; mais on ne sortait pas, on ne voyait pas clair, on respirait à peine.

Marianne voulait sortir ; elle voulait se promener ; elle était malade ; elle avait eu bien peur ; elle pleurait, elle ne mangeait plus ; à chaque coup de canon ou d'obusier, elle se serrait contre maman et contre moi ; elle cachait sa tête dans la robe de maman, elle appelait papa au secours. A la fin, le médecin dit : « Quand le feu s'arrêtera (et il s'arrête toujours aux heures des repas, car ces *Schwaubes* sont forcés de dîner tous ensemble, de peur que les présents mangent la part des absents), vous ferez bien, madame Kaufmann, de mener cette enfant dehors; sans cela, elle sera malade; elle l'est déjà. »

Marianne attendit le dîner des Allemands avec impatience. Elle frappait du pied. Elle disait : « Ces coquins n'ont donc pas faim aujourd'hui! » Elle fit sa toilette comme si elle avait dû dîner en ville ce jour-là. Elle prit sa plus belle robe, ses beaux souliers neufs, une petite poupée que papa lui avait donnée, et sortit dans la rue en donnant la main à maman.

Moi, j'étais à trois pas de là, sur le trottoir.

Tout à coup, voilà que les Allemands recommencent le feu. Un obus descend dans la rue, éclate, tue ma pauvre petite sœur qui tombe en disant : « Ah! maman! » et passe à côté de moi sans me faire aucun mal.

Maman poussa un grand cri et s'évanouit. On m'aida à les transporter toutes deux dans la casemate. Le soir même, j'embrassai une dernière fois ma pauvre sœur, et on l'enterra. Ma mère était presque folle de désespoir.

IV

Voilà ce que j'ai vu du siége.

Quand les Allemands entrèrent dans Strasbourg, chacun retourna dans sa maison, — ceux, du moins, dont les maisons n'avaient pas été brûlées. Malheureusement la nôtre était encore debout, ce qui fit qu'on nous envoya trente Allemands à loger, avec le capitaine et le lieutenant.

Ce capitaine était un grand et gros Prussien de Westphalie, rouge comme un jambon, qui déclara tout d'abord à ma mère qu'il voulait avoir pour lui et son lieutenant quarante cigares par jour, dix bouteilles de vin (dont quatre de bordeaux et deux de champagne), six plats de viande, trois de légumes et un entremets sucré à chaque repas. Et ils en faisaient quatre. Si, par hasard, il leur plaisait d'inviter quelques-uns de leurs camarades, ils se réservaient de commander autre chose.

Ma mère voulut répliquer, et dire qu'elle n'avait guère de provisions ni de vin fin dans la cave ; le lieutenant s'avança et lui dit en riant :

« Oh! que si! madame Kaufmann. Je sais bien où l'on met tout cela chez vous. Il y a trois mois, c'est moi qui ai rangé vos bouteilles. Le champagne est à droite et le bordeaux à gauche, au fond de la cave. Vous ne me reconnaissez pas, madame Kaufmann, je suis Plœsch, Joseph Plœsch, vous vous rappelez bien, votre ancien domestique. Ah! ah! je vous ai servie, madame Kaufmann; vous allez me servir à votre tour. C'est la vie, cela; c'est la guerre. »

Et il riait en allumant sa pipe et fumant au nez de maman, comme un goujat. Oh! si j'avais été grand! Mais qu'est-ce qu'on peut faire à onze ans?... Cependant je pris le couteau à découper, qui était au fond du buffet, et je vins me mettre devant maman pour la défendre.

« Voyez-vous le louveteau, dit le capitaine en me saisissant par derrière et m'arrachant le couteau des mains, voyez-vous!... Il n'a pas encore de dents, et il veut déjà mordre. C'est égal, prenez-y garde, Plœsch, ce petit-là pourrait vous éventrer quand vous ne vous y attendrez pas. Eteignez votre pipe. Madame va nous faire donner des cigares. Que le dîner soit prêt dans une heure. »

Et il fallut obéir, et empiffrer tous ces goinfres qui se vautraient sur les meubles, salissaient tout de leurs grosses bottes enduites de suif, se soûlaient de vin et de bière, fumaient et crachaient partout, et disaient devant les femmes des choses à faire honte.

Mais maman ne les écoutait pas. Sous prétexte de faire préparer la nourriture de ces Allemands, elle n'entrait jamais dans le salon ni dans la salle à manger, et couchait la nuit à côté de moi, dans une mansarde. Une ou deux fois, le capitaine fit le galant et voulut qu'elle dînât avec eux ; mais elle répondit qu'elle mettrait le feu à la maison plutôt que de s'asseoir à la même table.

Alors le Prussien lui répondait : « Vous avez tort de vous fâcher, ma bonne madame Kaufmann ; vous avez tort, c'est la guerre. »

Un jour, il vit la montre en or qu'elle portait à la ceinture, et avança la main pour la prendre, en disant :

« Donnez-moi ce *pichu*, chère matame Kaufmann ; ce sera un soufenir éternel de cet autre charmant *pichu* qui nous tonne l'hospitalité. »

Maman jeta la montre par la fenêtre en disant :

« Allez la chercher. »

Et il y alla, il la ramassa et l'expédia en Allemagne, avec les pendules du salon et de la chambre à coucher. Le lieutenant eut une vieille montre en argent de mon père, et celle qu'il m'avait donnée pour mes étrennes ; mais il n'était pas content de sa part ; il aurait bien voulu avoir l'une des deux pendules.

Pendant ce temps, ma mère et moi nous demandions à Dieu, tous les soirs, le retour de mon père, mais nous n'en recevions aucune nouvelle, à cause de la guerre, et nous ne savions où lui écrire.

V

Enfin, on fit la paix, et mon père revint. C'était le 15 mars 1871. De ma vie je n'oublierai ce terrible jour.

Ce soir-là, j'étais à la fenêtre du premier étage. Je le vois entrer dans la rue, en uniforme de commandant de gardes mobiles. Ses habits étaient usés, percés aux coudes, ses bottes étaient couvertes de boue. Je descends l'escalier, quatre à quatre, en criant :

« Maman! maman! le voilà! »

Elle ne demanda pas qui je voulais dire. Elle courut avec moi et se jeta dans ses bras.

Il riait, il pleurait, il étouffait de joie.

« Vous voyez bien, dit-il, qu'on en revient. Ah! je ne reviens pas vainqueur, comme je l'aurais voulu; mais j'ai fait de mon mieux. La patrie est contente de moi. Regarde cette croix, Christine, c'est Chanzy qui me l'a fait donner, après la bataille de Josnes. Regarde cette cicatrice à la main. C'est le coup de sabre d'un gredin, qui ne sabrera plus personne. Je l'ai cloué contre le mur d'une ferme à Coulmiers. Et enfin, me voilà, et tout va bien... Où est donc Marianne? Est-elle malade?... »

A ces mots, ma mère fondit en larmes. Moi-même j'osai dire à peine :

« Tuée ! tuée par un obus pendant le bombardement ! »

Il devint si pâle, que je crus qu'il allait tomber. Il poussa un cri étouffé, et serrant les poings de fureur :

« Oh ! les misérables ! Oh ! oh ! oh ! »

Au même instant, le capitaine westphalien, qui donnait à ses camarades un grand dîner de gala, sortit de la salle, en criant :

« Matame Kaufmann ! Eh ! matame Kaufmann ! Faites-nous donc donner du vin, du meilleur, du champagne, surtout :

> Fife le fin !
> Fife ce chis tivin
> Che veux chisqu'à la fin
> Qu'il ékaie ma fie.

Fus afez de cholies chansons, matame Kaufmann, tans fotre France, mais fus afez encore te meilleur fin. »

Tout à coup mon père s'avança vers lui : par instinct le Westphalien recula jusque dans la salle à manger. Mon père le regardait avec des yeux étincelants : ma mère voulut en vain le retenir, il la repoussa, entra dans la salle à manger et dit :

« Que faites-vous chez moi, misérables ?

— C'est M. Kaufmann, le maître de la maison, dit le lieutenant. Ne le fâchez pas, capitaine.

— Eh bien! dit le Westphalien, asseyez-vous là, monsieur Kaufmann, et dînez avec nous. On se gênera bien un peu pour vous faire place. »

Il riait de son gros rire bête et faux.

Mais mon père tira de sa poche un revolver. Je le voyais à travers la porte entr'ouverte. Il leur dit :

« Misérables! Vous avez tué ma fille, et vous avez réduit ma femme à être votre servante; vous m'avez ôté ma patrie; vous mourrez! »

Et il fit feu sur le Westphalien, qui tomba mort. Les autres voulurent prendre leurs sabres, mais il éteignit les lumières, ferma la porte de la salle et, tirant au hasard dans l'obscurité, en tua encore deux autres.

Au bruit, ma mère s'enfuit en m'entraînant, et courant au hasard, presque folle. Enfin, au bout d'un quart d'heure, la garde arriva. On rouvrit la porte. Il y avait cinq morts et deux blessés, car dans l'obscurité les Allemands s'étaient entre-tués; deux seulement des officiers étaient sans blessures; mais se voyant enfermés et craignant de frapper leurs camarades, ils s'étaient cachés sous la table.

De son côté, mon père était mortellement blessé.

On voulut le traduire devant le conseil de guerre et le faire fusiller.

« Vous n'aurez pas le temps, dit le chirurgien allemand. Il va mourir. »

Il demanda à nous voir et nous serra dans ses bras.

« Ne me fais pas de reproches, dit-il à ma mère. J'aurais

dû penser à vous deux et retarder ma vengeance; mais je n'ai pas été maître de moi. Ils nous ont fait trop de mal, à nous et à la patrie. Adieu! je t'aime. Et toi, Charles, va en France avec ta mère. Je te le commande. Quand tu seras homme, tu seras soldat, et tu reviendras avec l'armée française. Souviens-toi que les Allemands ont tué ton père et ta sœur et te forcent d'aller en exil. Souviens-toi, et tue. »

Voilà, dit l'enfant, pourquoi nous avons opté, ma mère et moi.

ALFRED ASSOLLANT.

L'AMOUR DANS LA MORT

C'était aux derniers jours de la Commune.

Parmi les Parisiens qui étaient en villégiature forcée à Versailles, on remarquait, à l'hôtel des Réservoirs, un jeune Lorrain qui portait le bras en écharpe, parce qu'il avait été blessé à l'épaule, à la bataille d'Orléans. Il inspirait une vive sympathie autour de lui, non pas seulement parce qu'il portait le bras en écharpe et qu'il était décoré de la médaille militaire, mais parce qu'il avait une figure charmante, un peu féminine à force de douceur, où se révélait pourtant une expression de fierté chevaleresque. Son regard exprimait je ne sais quoi de triste et de fatal, ce que les Orientaux appellent l'éclair de l'amour dans la mort.

Il était presque toujours seul; on le rencontrait le

plus souvent dans les allées perdues du parc, surtout dans le jardin du Roi, un journal, un livre ou une lettre à la main.

On avait pu remarquer qu'il ne lisait le livre et le journal que d'un œil distrait.

Il lisait les lettres avec tant de plaisir, qu'il était facile de juger que le seul livre qui l'intéressât, c'était le livre de sa vie.

Ces lettres lui venaient de Paris, non pas tous les jours, quoiqu'on lui écrivît tous les jours, mais on sait que le directeur des postes de Paris ne s'entendait pas avec le directeur des postes de Versailles; il fallait trouver des messagers plus ou moins fidèles, plus ou moins rapaces, à moins qu'on ne fût l'ami d'un secrétaire de M. Thiers, qui se risquait tous les jours de Versailles à Paris et de Paris à Versailles, bravant les bombes des deux armées, bravant les argousins de Raoul Rigault.

M. de Marcy était amoureux, si passionnément amoureux, que plus d'une fois il avait fait le voyage à Paris, à travers les horreurs de la Commune.

Pourquoi l'amoureuse était-elle restée à Paris?

On veillait sur elle. Elle cachait sa vie, parce qu'elle voulait cacher son amour.

Que vous importe son nom? Je dirai seulement qu'elle était fort jolie et qu'elle se consolait, dans un amour plus ou moins platonique, des brutalités d'un mariage de raison.

Le 21 mai, sur le soir, M. de Marcy, qui ne prévoyait

pas que ce jour-là même c'était le premier jour de délivrance, hasarda encore un voyage. Il entra par la porte de Saint-Denis, cachant sous un mac-ferlane son bras en écharpe et son ruban de la médaille militaire; il aurait cru indigne de lui de ne pas la garder sur son cœur, parce qu'il l'avait vaillamment gagnée.

M. de Marcy arriva trop tard pour se présenter chez Mme ***. Il passa les dernières heures de la nuit à l'hôtel de Bade. Au point du jour, la fièvre amoureuse le jeta hors de son lit. Il s'aventura rue de Laval, où demeurait Mme ***.

Là, un fédéré ivre le jeta hors du trottoir, en lui disant d'aller prendre un fusil.

M. de Marcy remonta sur le trottoir, désarma le fédéré et l'envoya, d'un coup de pied, au milieu de la rue. C'était bien ; mais, par malheur, d'autres fédérés survinrent et firent cercle autour de M. de Marcy.

Il avait pu, avec un seul bras vaillant, désarmer un gredin ivre, mais il comprit qu'il ne pourrait lutter avec les arrivants, d'autant que l'autre, un peu dégrisé, revint furieux se jeter sur lui. Comme il tentait de le repousser, il souleva son mac-ferlane et dévoila tout à la fois son bras en écharpe et son ruban orange.

« Qu'est-ce que c'est que ça ? dit un fédéré. C'est un Versaillais qui vient nous espionner et qui fait sa banque.

— C'est un espion. Il a beau pavillonner, il y tombera.

— Il faut lui faire son affaire.

— Nous allons le conduire à la mairie.

— Allons donc! il ne faut pas aller si loin pour le traduire en conseil de guerre. »

On voulut traîner M. de Marcy, tout en l'insultant, au collége Rollin.

Il releva la tête :

« Messieurs, je ne suis pas un espion. J'ai été blessé en combattant les Prussiens, n'insultez pas ma médaille militaire. »

Un fédéré la lui arracha.

« Nous avons supprimé toutes ces babioles du tyran.

— Vous êtes des lâches, dit M. de Marcy, je n'ai qu'un bras et vous êtes huit.

— Eh bien, dit le fédéré ivre, paye une consolation et crie : Vive la Commune.

— Vive la France! s'écria M. de Marcy.

— C'est le cri des Versaillais! Tu vois bien que tu es un traître et un espion.

— Voyons ses papiers. »

Le jeune homme pensa qu'il avait laissé par mégarde des lettres de Mme *** dans son porte-cigares.

« O mon Dieu! » dit-il, en pâlissant.

Il n'avait pas peur pour lui, il avait peur pour elle.

« Eh bien, dit-il, je vais avec vous, conduisez-moi vers votre capitaine; si c'est un soldat, je lui dirai, à lui seul, pourquoi je suis venu à Paris.

— Le capitaine n'est pas plus que nous : tout homme

est citoyen, tout citoyen est soldat. Le capitaine ne fait que ce que nous voulons.

— Voyons ses papiers, » dit le fédéré ivre, qui espérait trouver quelques papiers de la banque de France.

M. de Marcy eut beau s'agiter, on l'étreignit, on lui prit son porte-cigares.

« Des brûle-gueule, s'écria le premier fédéré, prenez garde, c'est peut-être du poison. »

Le second fédéré avait saisi deux lettres.

A cet instant, une fenêtre s'ouvrit; sans regarder, M. de Marcy reconnut que c'était la fenêtre de Mme *** ; par un mouvement rapide, il ressaisit les lettres.

« Je vous l'avais bien dit que c'était un espion, il voudrait bien que ces lettres-là ne fussent pas lues, mais nous les lirons.

— Non, vous ne les lirez pas. »

M. de Marcy, qui s'était retourné vers le mur, avait eu le temps d'allumer une allumette et de mettre le feu aux lettres.

On voulut étouffer le feu, mais il se brûla héroïquement la main, tout en repoussant les agresseurs à coups de pied.

« Vengeance ! s'écria-t-on autour de lui, c'est un suppôt de M. Thiers, c'est un ami de Gallifet.

— Il est venu pour trahir la Commune. Vengeance ! vengeance ! »

On traîna M. de Marcy quelques pas plus loin.

Quoiqu'il ne voulût pas être reconnu de Mme ***, il

leva les yeux vers elle. Leurs regards se rencontrèrent : deux âmes qui se retrouvent !

Elle était pâle comme la mort, elle lui fit un signe de main.

« O mon Dieu ! pensa-t-il, elle va se trahir elle-même. »

En effet, un fédéré avait remarqué le signe de main.

« Qu'est-ce que c'est que ça ! demanda-t-il à M. de Marcy. On gingine du haut en bas ? vous connaissez cette femme ?

— Je ne la connais pas. »

Un autre fédéré chanta :

> Réveillez-vous, belle endormie,
> Mettez la tête à la fenêtre.....

« Elle a déjà pour deux sous d'expression.

— C'est peut-être une espionne comme lui.

— Marchons, messieurs, dit M. de Marcy en voulant s'éloigner. »

On l'arrêta brutalement :

« Pourquoi marcher ? Ne sommes-nous pas bien ici ? »

M. de Marcy, affolé par la colère et le chagrin, éclata en injures.

Il s'était contenu jusque-là avec dignité, mais la vue de Mme *** lui avait donné le vertige.

« Je crois qu'il veut nous dire des vérités, mais nous allons lui rabattre son caquet.

— A bas l'espion de Versailles !

— A bas le traître à la patrie ! »

Les choses allaient vite en ce temps-là.

Le fédéré mit en joue M. de Marcy.

« Vous vous imaginez que vous me faites peur, » dit M. de Marcy avec une grande expression de fierté.

Un des fédérés détourna le canon du fusil :

« Eh bien, dis-nous ce qu'il y avait dans tes papiers.

— Non, c'est mon secret.

— Eh bien, viens te battre avec nous.

— Vous voyez bien que si je n'étais pas blessé, je me battrais contre vous, lâches ! »

Le fédéré ivre avait armé son fusil. On entendit en même temps une détonation et un cri de femme.

L'amoureux était tombé le front contre terre.

On le retourna pour voir s'il fallait l'achever.

« Ce n'est pas la peine, dit un des fédérés, ça ne vaut pas un second coup de fusil. »

Le jeune Lorrain avait encore les yeux ouverts, mais il ne voyait plus Mme ***.

« Il la regarde toujours, dit un autre fédéré, mais il a froid aux yeux. »

ARSÈNE HOUSSAYE.

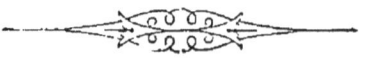

LE
COUP DE HACHE

Lorsque le bûcheron dans les bois fait son œuvre,
Parfois il trouve au pied d'un arbre une couleuvre ;
Il la partage en deux et voit, sur le gazon,
Se tordre et se mêler longtemps chaque tronçon.
Ces morceaux font, hélas ! d'égales tentatives
Pour se rejoindre ; mais, usant leurs forces vives
En vains élans, bientôt cesse leur mouvement,
Et la mort les saisit, malgré le sentiment
Qui poussait les deux parts de sanglante matière
A rétablir leur être en sa longueur première...
L'humanité ressemble à ce pauvre serpent.
Comme lui, son grand corps va souvent se rompant,

Mais elle a des vertus que n'a point le reptile.
En reconstructions sa nature est fertile,
Et, quels que soient les coups frappés pour l'amoindrir,
La partie arrachée au tout peut revenir.
Car, d'un ordre plus haut que l'animale engeance,
L'humanité possède une double puissance,
L'esprit qui sait du sort calculer les retours
Et l'amour qui vainc tout, se souvenant toujours.
Ainsi, nobles tronçons de ma fière Patrie,
Lorraine, Alsace, vous que le glaive en furie,
Seul, a pu détacher, ayez moins de douleur
De votre triste état! il vous reste du cœur,
Et, dans le cœur, assez de sang, de flamme pure,
Pour supporter le mal de l'atroce coupure.
Laissez marcher le temps ; sous le poing des plus forts,
En frémissant, laissez se courber vos deux corps,
Le destin est changeant. L'œuvre d'une conquête
Sournoisement conçue et barbarement faite,
De nécessité porte un vice radical
Qui l'use et lui prépare un dénoûment fatal.
Les injustes contre eux verront tourner la chance ;
Alors, si vous avez toujours chéri la France,
Vos corps seront bien vite en ses bras resserrés :
Gardez-nous votre amour et vous nous reviendrez !

AUGUSTE BARBIER.

Paris, 25 novembre 1872.

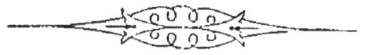

LE
SECRET DES MONARCHISTES

On était alors en février 1848; depuis quelques jours toutes les gazettes parlaient d'un nouveau banquet qui devait se tenir aux Champs-Élysées, sous la présidence de M. Odilon-Barrot; les membres de l'opposition, les journalistes et la jeunesse des écoles en masse avaient reçu des invitations. Maître Gaspard Fix, maire de Tiefenbach, ses besicles sur le nez, les pieds dans ses pantoufles, lisait ces nouvelles chaque matin, en attendant l'huissier Frionnet, un petit homme roux et boiteux, qui ne manquait jamais d'entrer sur le coup de huit heures.

« Tenez, voyez un peu la folie de ces Parisiens, disait-il à son compère, en lui tendant le journal ; voyez ce Ledru-Rollin, cet Odilon-Barrot, ce Lamartine, tout ce tas de gueux qui s'entendent ensemble pour troubler l'ordre... Ah! si j'étais Louis-Philippe, comme je vous arrangerais cela ; comme je vous balayerais cette race abominable!... Boum!... Boum!... Je n'en laisserais pas échapper un seul.

— Mais qu'est-ce qu'ils veulent donc, ces imbéciles, criait Frionnet, qu'est-ce qu'ils demandent avec leur adjonction des capacités ? Est-ce que ceux qui ne sont pas capables d'amasser de quoi payer deux cents francs de contributions directes, moyennant leurs portes et fenêtres, leurs cotes mobilière et personnelle et leurs patentes, méritent qu'on les regarde ? Est-ce qu'avant de mettre le nez dans les affaires publiques, il ne faut pas savoir faire les siennes ?

— C'est clair, disait maître Gaspard, c'est clair comme le jour ! Mais ne nous fâchons pas, Frionnet. Un banquet de plus ou de moins, qu'est-ce que ça prouve ? Quand ils auront bien mangé, bien bu, dépensé leur argent et braillé leur soûl, eh bien, les gueux seront contents. Ils recommenceront ailleurs dans quinze jours ou trois semaines, et ça ne nous empêchera pas de continuer nos petites affaires. Allons, asseyez-vous, et voyons ce qui nous regarde. »

Ils ouvraient alors le grand portefeuille de maître Gaspard, pour éplucher les débiteurs en retard, et la gravité de cette occupation leur faisait oublier le reste.

Mais un beau matin qu'il n'était pas arrivé de journaux depuis trois jours, ce qu'on attribuait à la difficulté des chemins pendant la fonte des neiges, tandis que les deux compères se livraient à leur occupation favorite, tout à coup ils virent passer devant les fenêtres, sautant au milieu des flaques d'eau, M. le contrôleur Couleaux, d'habitude grave et même solennel.

« Qu'est-ce que c'est ? dit maître Gaspard ; quelque chose se passe...

— Oui, ce n'est pas naturel, » remarqua Frionnet en se levant.

Et tous deux ouvrirent la porte du cabinet. M. Couleaux gravissait déjà les marches de l'escalier et criait dans le vestibule :

« Monsieur le maire, est-ce que le *Moniteur* est arrivé ?

— Non, dit maître Gaspard ; vous savez bien que le piéton n'est pas venu depuis trois jours, à cause des mauvais chemins dans la montagne.

— Ah ! s'écria Couleaux, en entrant tout pâle et se laissant tomber dans les bras d'un fauteuil, ah ! quel malheur !... Un exprès de Sarrebourg vient de m'apporter cette lettre de Paris, une lettre de mon neveu le stagiaire..... Dieu du ciel !..... Tenez..... lisez..... lisez vous-même !..... Ah ! quelles nouvelles, mon Dieu ! »

Frionnet prit la lettre et, s'approchant de la fenêtre, il lut haut :

« Mon cher oncle,

« Paris est en révolution... Le roi est en fuite... Un gouvernement provisoire vient de s'établir à l'Hôtel-de-Ville... Voici les noms : Ledru-Rollin, Lamartine, Arago, Marie, Crémieux, etc., etc. »

Et pendant que Frionnet pâlissait à son tour, maître Gaspard devenait rouge jusqu'aux oreilles.

« Hein ! que pensez-vous de cela, mes pauvres amis, bégaya le contrôleur.

— Nous sommes perdus ! dit Frionnet, les débiteurs sont les maîtres, ils nous couperont le cou !... »

En entendant cela, maître Gaspard toussa deux fois; puis il se leva et ouvrit une fenêtre pour donner de l'air. Couleaux, les yeux écarquillés, regardait comme s'il avait vu la guillotine se dresser devant lui.

M. le Dr Hornus, que maître Gaspard appelait « Jacobin » parce qu'il avait une barbiche et de longs cheveux, passait justement dans la rue pour aller faire ses visites, et M. le maire, se réveillant tout à coup, lui cria :

« Hé ! bonjour, monsieur le docteur. Vous savez la grande nouvelle ?

— Oui, la République est proclamée, dit M. Hornus, tout joyeux ; c'est un peu tôt, le peuple est encore bien en retard ; mais puisque nous l'avons, nous tâcherons de la conserver. »

Il riait, en passant les doigts dans sa barbe.

« Ah ! docteur, cria Couleaux, que vous avez raison...

La République... mon Dieu, nous la voulons tous... c'est la plus belle forme de gouvernement... malheureusement le peuple... »

M. Hornus, entendant cela, tourna le dos et poursuivit son chemin.

Alors M. le contrôleur, jaune comme un coing, sortit sans rien dire, et les deux compères, se regardant dans l'embrasure de la fenêtre, s'écrièrent ensemble :

« Que faire maintenant ?

— Je vais à Mayenthâl, dit maître Gaspard au bout d'une minute; notre député, M. Thomassin, doit être revenu; c'est un homme prudent; il s'est, bien sûr, tiré de la bagarre.

— Oui, dépêchez-vous; c'est là que nous saurons la marche à suivre; avant tout, il faut s'entendre, prendre le mot d'ordre. Vous viendrez me voir en rentrant, monsieur le maire, je vous attendrai.

— C'est bon, » dit maître Gaspard, en courant derrière, dans la cour, et criant :

« Faxland ! Faxland ! attelle les deux chevaux gris... Vite !... nous allons à Mayenthâl. »

Faxland, un vieux hussard du premier Empire, venait justement de bouchonner ses chevaux. Dehors, un paysan dans la rue criait : « Vive la République ! »

« Vous entendez, monsieur le maire, on crie quelque chose là-bas, dit-il.

— Oui, c'est bien ! Dépêche-toi seulement, ça ne nous regarde pas. »

Alors Faxland sortit les chevaux, et M. Gaspard lui-même, poussant le char à bancs hors du hangar, jeta dessus une botte de paille, et dit à son palefrenier :

« Va mettre tes grosses bottes... Hé! n'oublie pas mon manteau. »

Il finit lui-même d'atteler, serra les boucles ; et comme sa femme arrivait voir sur la porte ce qui se passait, il enjambait déjà le siége, et s'enveloppant du manteau que Faxland lui tendait, il disait à sa femme d'un ton de maître :

« Je reviendrai ce soir, Simonne, à six ou sept heures, tu m'attendras pour souper. Allons, monte, toi, et en route !

— Hue ! » cria Faxland, et les chevaux, cinglés d'un vigoureux coup de fouet, partirent comme le vent.

Faxland n'ayant pas eu le temps de déjeuner, venait d'avaler à la cuisine un grand verre d'eau-de-vie pour s'éclaircir la vue, et tout en galopant ventre à terre, il évitait les ornières, les gros pavés, enfin tous les obstacles du chemin, avec une adresse merveilleuse. Mais au bout du village, comme les cris de « Vive la République » éclataient au cabaret des *Trois-Pigeons*, un éclair lui passa devant les yeux ; il se dit : « L'Empereur est revenu ! » et d'une voix terrible, levant son gros bonnet de peau de la main gauche et manœuvrant le fouet de l'autre, il se mit à crier :

« Vive l'Empereur ! »

Maître Gaspard, lui, ne disait rien ; accroupi, le dos

dans la paille et le bord du feutre rabattu sur les yeux, il rêvait aux mauvaises payes, à la descente des montagnards sur le village, lorsqu'ils apprendraient la proclamation de la République, enfin à tous les malheurs qui pouvaient arriver. Il ne se fâchait pas contre Faxland, sachant bien qu'au moindre ordre de ne plus crier « Vive l'Empereur ! » le vieux hussard serait capable de verser la voiture, au risque de leur casser les reins à tous les deux.

A chaque village qui se rencontrait, c'était à recommencer ; Faxland se levait à demi, tapait sur les chevaux et criait à gorge déployée :

« Vive l'Empereur !... Vive la République !... Hue !... En avant... Ça marche !... »

Les gens regardaient tout étonnés, se disant :

« C'est le maire de Tiefenbach, un richard... Qu'est-ce qui se passe ?... Qu'est-ce que ça veut dire ? »

Dans d'autres villages, où la nouvelle courait déjà, tout fourmillait de monde ; les auberges et les cabarets bourdonnaient comme des ruches ; hommes, femmes, enfants, sur les marches de leurs baraques, riaient, chantaient et criaient :

« Vive la République ! »

La grande voix de Faxland, avec son « Vive l'Empereur ! » leur faisait tourner la tête ; et quelques vieux soldats, en blouse, levant leur bonnet de coton, répétaient alors le même cri, ce qui redoublait la joie et l'enthousiasme du brave homme.

« Je savais bien qu'il n'était pas mort et qu'il reviendrait, s'écriait-il, ça ne pouvait pas manquer. »

Maître Gaspard rêvait toujours. Que d'idées lui passaient par la tête, et qu'il était impatient d'arriver à Mayenthâl!

Enfin, vers midi, le château de M. Thomassin apparut au fond de la vallée.

Nombre de voitures avaient déjà tracé leur passage dans la longue avenue blanche. Les cheminées de l'usine fumaient comme d'habitude; mais la maison d'habitation, avec ses grandes remises et ses attenances, paraissait solitaire; les chiens seuls, au bruit des grelots, se mirent à hurler. Un vieux domestique, M. Claude, remplissant les fonctions de majordome, parut sur la porte, comme le char à bancs s'arrêtait à quelques pas du péristyle.

« M. Thomassin! cria maître Gaspard, sautant de voiture et secouant la paille de ses habits. Je voudrais le voir tout de suite. »

M. Claude l'avait reconnu pour un des habitués de la maison, et dit en se sauvant :

« Je reviens, monsieur le maire, je reviens ! »

Une minute après, il reparaissait en s'écriant :

« Si monsieur le maire veut se donner la peine d'entrer !... »

En même temps il courait donner l'ordre de dételer, et priait poliment Faxland d'entrer à la cuisine, ce que le vieux hussard trouva tout naturel.

Maître Gaspard traversait alors le vestibule ; il entendait à gauche un grand bourdonnement de voix, et voyait dans l'antichambre des chapeaux ronds, des tricornes, des manteaux pendus au mur. Il écoutait, lorsque la porte du fond s'ouvrit et que M. Thomassin lui-même, en large capote de voyage, la figure longue, fatiguée, apparut et lui tendit la main.

« Ah! monsieur le maire, lui dit-il, j'étais sûr de votre visite dans ces graves circonstances.

— Oui, monsieur le député, répondit maître Gaspard en se découvrant; à la première nouvelle, j'ai voulu savoir ce qu'il fallait faire et je suis venu.

— Eh bien, entrez, entrez, » dit M. Thomassin, en le précédant dans une très-longue salle, au bout de laquelle brillait un large feu de cheminée.

De nombreuses personnes se pressaient là-bas autour d'une table couverte de journaux, les unes assises, les autres debout : des dames et des messieurs, des habits noirs et des soutanes.

A peine la porte ouverte, tous les yeux se tournèrent vers le nouvel arrivant; maître Gaspard, du premier coup d'œil, remarqua une sorte d'épouvante répandue au milieu de ces gens; ils étaient tous pâles, attentifs et comme saisis.

« Messieurs et mesdames, dit gravement le député, j'ai l'honneur de vous présenter M. Gaspard Fix, maire de Tiefenbach, un homme sûr, un des nôtres, un autre nous-même. »

En même temps, cinq ou six voix inquiètes demandaient à la fois :

« Eh bien, monsieur le maire, eh bien, que se passe-t-il chez vous ? Comment la nouvelle est-elle accueillie ? »

Lui, son large feutre à la main, regardait ces figures défaites : Mme Reine Thomassin, la maîtresse de la maison ; M. le sous-préfet Thibert, M. le préfet Mathis, M. le grand vicaire de Vieille-Ville, M. Jacob, le propre curé de son village, des jeunes gens à moustaches et décorés, — enfin tous les gros bonnets du pays, réunis là comme des perdreaux effarouchés dans un buisson.

Maître Gaspard, le paysan de vieille souche, l'homme de ses propres œuvres, eut un mouvement de pitié :

« Ce sont des trembleurs, se dit-il, et pourtant ils ont plus à perdre que moi ! »

Et Mme Reine Thomassin ayant répété dans le plus grand trouble : « Au nom du ciel, monsieur le maire, parlez !... Que se passe-t-il chez vous ? dans quel état sont les esprits ? » — Il toussa et dit :

« Chez nous, madame, il ne se passe pas encore grand'chose ; mais demain ce sera terrible.

— Terrible !... Vous croyez ?

— Oui, la mauvaise nouvelle gagne partout ; les gueux se réunissent dans les cabarets ; ils complotent ensemble, ça se remue, ça fourmille, ça ne demande qu'à happer le bien des honnêtes gens. »

Et, voyant l'effet de son discours, il ajouta :

« Le pire, c'est qu'ils n'ont pas de religion ; ils veulent tous avoir leur part du gâteau ; ils crient tous : « Vive la République ! » Je n'ai vu que ça sur toute ma route.

— Ils crient : « Vive la République ! » monsieur le maire ?

— Hé ! sans doute !... Qu'est-ce que vous voulez qu'ils crient ? On leur a toujours dit en chaire que la République c'était le droit d'aller dans les bois couper des arbres, d'assommer les gardes qui leur ont fait des rapports, de houspiller les juifs qui les ont volés... A force de l'entendre répéter par les curés, ils ont fini par le croire. Les vieux soldats crient aussi : « Vive l'Empereur ! » Ils pensent que l'Empereur va revenir avec son mameluck... Enfin, qu'est-ce qu'on peut savoir ? Pourvu que demain les montagnards du Dagsberg ne nous tombent pas sur le dos, comme les vieux racontent qu'ils ont fait en 89, c'est tout ce que je souhaite. »

Il parlait encore, que toute la société se levait et que les dames criaient, à droite, à gauche :

« Vous entendez, monsieur Thomassin ?... Vous entendez, monsieur de Muleroy ?... Nous le savions... nous en étions sûres !... »

MM. les curés parlaient de gagner la Suisse, et les beaux jeunes gens décorés ne semblaient pas moins pressés de lever le pied.

Maître Gaspard, lui, restait calme, écoutant et regardant, tout surpris d'une confusion pareille.

« Mon Dieu, ma chère amie, bégayait M. Thomassin, rien n'est prêt... Il faut pourtant se donner le temps de réfléchir... On ne peut se décider aussi vite... »

Et tous les autres parlaient et gesticulaient sans pouvoir s'entendre.

A la fin, Mme Reine s'étant rapprochée de maître Gaspard, lui demanda :

« N'est-ce pas, monsieur le maire, vous ne voyez pas autre chose à faire ?...

— Quoi, madame ?

— Se sauver !... »

Maître Gaspard recula d'un pas ; sa grosse figure charnue devient pourpre.

« Oh, oh ! s'écria-t-il d'un accent brutal, me sauver, moi !... Me sauver en abandonnant ma maison, mes champs, mes prés, mes chènevières, tout ce que j'ai gagné sou par sou, liard par liard, depuis quarante ans !... Oh, oh ! messieurs, mesdames, comme vous y allez... On voit bien que ça ne vous a pas coûté beaucoup de mal !... Non... non... Gaspard Fix n'est pas de ceux-là qui se sauvent !... »

Et sa franchise ayant fait rougir ce grand monde, il ajouta lentement, en levant les deux bras, son chapeau d'une main et le bâton pendu au poignet de l'autre.

« Hé ! mon Dieu, on ne meurt qu'une fois !... A la guerre comme à la guerre !... S'il faut hurler avec les loups, on hurlera avec les loups, on criera : « Vive la « République !... » Moi, plutôt que de lâcher mon bien et de me sauver comme Louis-Philippe, je crierai plus fort que tous les autres ensemble; ceux qui se sauvent ont toujours tort; on dit : « S'ils avaient bonne conscience, « les gueux ne se sauveraient pas ! »

Une sorte de consternation se peignait alors sur toutes les figures. Mais, dans le même instant, celui qu'on avait appelé « M. de Muleroy », un petit vieux à mine de renard, qui n'avait pas quitté sa place au milieu du tumulte, — ce petit vieux se levant, alla se mettre le dos à la flamme, contre la cheminée, et dit d'une voix nette :

« M. le maire vient de prononcer le mot de la situation : « Ceux qui se sauvent ont toujours tort... Il faut « hurler avec les loups !...» C'est bien, monsieur le maire, c'est très-bien. »

Et comme la plupart se rasseyaient, lui, se barbouillant le nez de tabac, continua :

« Oui, mesdames et messieurs, il faut crier « Vive la « République ! » plus haut que tout le monde. Qu'arriverait-il si nous passions en pays étranger? C'est tout simple : la République nous traiterait en ennemis, elle nous appliquerait la loi des suspects, comme à la ci-devant noblesse de France, en 92; elle nous sommerait de rentrer à bref délai, faute de quoi nos biens seraient confisqués au profit de la nation; on les diviserait en petits lots; on les vendrait à des gens qui sauraient les défendre. L'Europe ne s'intéresserait pas à nous, — elle nous regarde comme des usurpateurs ! — et nous se-

9.

rions littéralement réduits à la misère, sans avoir des Condé, des Noailles, des Richelieu pour relever notre infortune. Voilà ce qui nous attendrait en Allemagne, en Russie, en Angleterre! M. le maire vient donc de nous donner un excellent conseil, crions : « Vive la Répu-« blique! » Et surtout, fit-il en se tournant vers le préfet, que nos fonctionnaires se gardent bien de donner leur démission... ces actes-là... ces scrupules sont pitoyables.
— Restons en place! Parmi toutes les fautes que nous avons commises, on ne peut pas du moins nous reprocher d'avoir instruit le peuple ; grâce à son ignorance, nous sommes toujours les gens nécessaires, indispensables. On n'administre pas, on ne perçoit pas les impôts, on ne juge pas, on ne légifère pas, on ne commande pas, sans préfets, sans receveurs, sans magistrats, sans députés et sans généraux. Il faut avoir fait des études spéciales pour remplir chacun de ces emplois, et le peuple ne sait fort heureusement ni A ni B. L'ignorance, la sainte ignorance des masses nous sauve, et nous sauvera toujours ; le principal est de la maintenir!... Or, si nous partions, qui pourrait empêcher les républicains de décréter l'instruction gratuite et obligatoire ? Personne!... Ils le feraient tout de suite, croyez-le bien, et ne seraient tranquilles qu'après avoir mis le peuple en position d'exercer avec discernement le droit de suffrage quils viennent de lui donner. Alors la République pourrait braver toutes les attaques, le gouvernement de la bourgeoisie serait anéanti et la dé-

mocratie triompherait !... Restons pour conjurer de si grands malheurs ; faisons face à l'orage, il sera court ! Tous nos amis, conservant leurs fonctions, se trouveront en position de calmer, de modérer, et dans quelque temps d'arrêter les mauvais instincts de la foule. Le clergé nous aidera ; nos intérêts sont les mêmes, une action commune est indispensable pour atteindre à un bon résultat final. Restons donc, je le répète, et crions : « Vive la République !... Vive le suffrage universel !... « Vive la liberté, l'égalité, la fraternité ! » Les nôtres, un instant dispersés, vont se réunir, reconstituer l'administration, la police, l'armée, que les républicains de Paris ont humiliée sottement... Croyez-en ma vieille expérience, avant cinq ou six mois nous pourrons reprendre l'offensive !... »

En ce moment une haute porte à droite s'ouvrit à deux battants, et maître Gaspard vit un déjeuner magnifique servi dans la salle voisine, car, même au milieu de ces émotions extraordinaires, le train habituel de la maison n'était pas changé.

« A tantôt les affaires sérieuses, dit M. Thomassin d'un air guilleret ; tout cela prend une bonne tournure. »

Les dames paraissaient un peu rassurées ; mais le vieux paysan avare se disait que ce n'était pas le moment de se goberger ; il ne pensait qu'à retourner à Tiefenbach pour protéger son bien, et M. Thomassin l'ayant prié à déjeuner :

« Oh ! monsieur le député, dit-il à haute voix, vous

me faites bien de l'honneur... Je suis pressé de rentrer... Qu'est-ce qu'il me faut? Un verre de vin, un morceau sur le pouce; je vais tranquillement à la cuisine, ça vaudra mieux. »

Toute l'assistance rougissait de l'entendre ; lui, devinant leur pensée, ajouta :

« Dans ce temps, il faut se mettre bien avec tout le monde; il faut donner la main au premier venu ; qui sait ce qui peut arriver demain ? J'aurai peut-être besoin que mon domestique risque sa vie pour moi ; ça lui fera plaisir de boire un coup avec son maître. »

Et sans attendre la réponse de M. Thomassin, il salua et sortit en pensant : « Ces gens parlent bien... mais ils n'ont pas de courage !... »

M. de Muleroy, le montrant du doigt, dit alors :

« Voyez cet homme; il est à peine sorti du limon populaire; son père traînait la brouette, il n'a presque pas d'instruction, eh bien, c'est déjà un politique. Figurez-vous d'après cela ce que le peuple produirait d'hommes remarquables en tous genres, si malheureusement on l'instruisait. Nous ne pourrions pas soutenir la lutte; il faudrait pour le moins partager avec eux les places, les honneurs, le pouvoir, tous les bénéfices que nous assure le monopole de l'instruction. Agissons en conséquence ! »

Et donnant le bras à Mme Reine Thomassin, il passa dans la salle à manger, sous les grandes portières de soie ; les autres, deux à deux, le suivirent.

Pendant ce temps, maître Gaspard entrait dans la cuisine, où le feu des fourneaux brillait de toute sa splendeur, illuminant les marmites, les casseroles, et la grande étagère chargée de poissons et de viandes succulentes. Il voyait Faxland dans un des angles, les jambes étendues sous une table de chêne massive, en face d'une demi-douzaine de bouteilles vides et d'un énorme pâté de venaison. Trois ou quatre domestiques lui tenaient compagnie; ils discutaient politique ensemble, et le vieux hussard leur prédisait le retour de l'Empereur, lorsque la vue de M. le maire, arrivant tout à coup, les troubla :

« Monsieur le maire!... » firent-ils en se levant.

Mais maître Gaspard, d'un air jovial, leur cria :

« Restez!... ne vous dérangez pas... vous êtes bien!... Je viens seulement boire un coup et casser une croûte avec vous, avant de partir! »

Alors ils se rassirent, et Faxland pensa :

« Le maître est pourtant un bon enfant ! Il aurait pu rester avec les huppés, il aime mieux venir ici. »

M. le majordome Claude, tout honteux, s'était empressé d'aller chercher une chaise à M. le maire, mais maître Gaspard resta debout; il se versa lui-même à boire, et dit joyeusement, après avoir vidé son verre :

« Ça, c'est du vrai bourgogne... du vin de député... On ne se refuse rien ici... Ha! ha! ha! »

Tous riaient avec lui.

Puis il se coupa sans façon une bonne tranche de pâté, qu'il mangea, regardant la grande cuisine d'un air d'admiration et disant :

« Voilà ce qui s'appelle une maîtresse cuisine ; je n'en ai jamais vu de plus belle ! »

Les autres, malgré le bon vin qu'ils avaient bu, étaient un peu gênés et ne répondaient pas.

Maître Gaspard allait et venait. Il remplit encore une fois son verre, et finit par dire au vieux hussard :

« Allons, Faxland, il est temps de partir, si nous voulons arriver avant la nuit.

— J'y vais... je vais atteler, » s'écria Faxland en courant dehors.

D'autres l'aidèrent sans doute à tirer les chevaux de l'écurie, car cinq minutes après maître Gaspard étant sorti, vit la voiture prête et le vieux soldat sur son siége ; il s'assit derrière lui et ramena soigneusement son manteau sur ses épaules. M. Claude, du haut du perron, lui souhaitait bon voyage, et la voiture partit, franchissant la grille au galop.

Faxland, qui ne voyait jamais plus clair qu'après avoir bu, fouettait les chevaux à tour de bras ; les tas de cailloux, les grands sapins, les vieilles roches penchées sur la route, les sentiers marqués de pas profonds, tout défilait avec une rapidité extraordinaire.

De temps en temps, le vieux hussard essayait encore de crier : « Vive l'Empereur ! » mais à force de s'être enroué le matin, son cri ne ressemblait plus qu'au croassement d'un corbeau.

Il était cinq heures, et la nuit venait; les petites maisons, enfouies dans la neige, s'éclairaient une à une, lorsqu'ils rentrèrent à Tiefenbach. Malgré l'onglée qui le tenait aux pieds, maître Gaspard n'oublia pas son compère.

« Halte ! ». fit-il en arrivant devant la maison de Frionnet.

La voiture s'arrêta, et presque aussitôt le petit huissier sortit de l'allée, son bonnet de peau de renard tiré sur la nuque. Il s'approcha en boitant, et souriant dans sa barbe rousse :

« Eh bien ? » fit-il à voix basse.

Maître Gaspard s'était penché à son oreille :

« Il faut hurler avec les loups... Il faut crier : « Vive « la République ! » plus fort que les autres.

— Ah ! ah ! fit Frionnet, dont les petits yeux scintillèrent, je comprends... une fois dans la place...

— Justement ! interrompit maître Gaspard. Mais il fait un froid terrible, je ne sens plus mes pieds... Venez ce soir à la maison, je vous raconterai le reste... En route, Faxland ! »

Le lendemain, maître Gaspard, son écharpe autour du ventre, proclamait le Gouvernement provisoire sur les marches de la mairie de Tiefenbach ; Couleaux, Frionnet, tous les amis criaient : « Vive la République ! » plus fort que le docteur Hornus ; M. le curé bénissait l'arbre de la liberté ; et quelques jours plus tard on apprit que les mêmes choses s'étaient accomplies d'un bout de la France à l'autre. Tous les légitimistes, tous les orléanistes, tous les bonapartistes s'étaient ralliés à la République, sous le nom de « républicains du lendemain ! » Tous voulaient travailler à l'amélioration du sort du peuple, à sa moralisation, à *son instruction :* c'était attendrissant !...

On connaît les résultats de cette comédie : la guerre civile, les déportations sans jugement, Bonaparte, les fusillades sommaires, la corruption, l'invasion ; l'Alsace et la Lorraine arrachées du corps de la patrie !... Je ne parle pas des milliards et du reste...

Mais les monarchistes ont conservé leurs places ! Grâce au privilége de l'instruction, ils comptent bien se les transmettre à perpétuité de père en fils ; et pourtant Dieu sait si la dernière guerre les a trouvés aveugles et médiocres, dans l'administration, dans les chambres, dans les ambassades, dans l'armée ! Ils nous commandaient, c'est sur eux que retombe la responsabilité de nos défaites.

Ah ! les malheureux !... S'ils avaient instruit le peuple, quels génies seraient sortis de cette masse française encore vierge, où dorment depuis des siècles tant de forces ignorées ! Les Prussiens auraient trouvé leurs maîtres.

L'ignorance du peuple, voilà le secret des monarchistes et la vraie cause de nos désastres... C'est sur ce terrain que les réactionnaires et les jésuites livreront leur dernière bataille...

A bon entendeur, salut !

Erckmann-Chatrian.

A PROPOS DES ORPHELINS

D'ALSACE & LORRAINE

Dans le douloureux démembrement que la barbarie prussienne a imposé à la France vaincue, rien ne nous semble plus intéressant que la situation des enfants orphelins d'Alsace et Lorraine.

On n'a pas oublié que sont devenus fatalement Prussiens tous ceux de ces malheureux qui, avant le 1re octobre de cette année, n'ont pu quitter le sol qui les a fait naître en France et qui aujourd'hui les fait vivre en Prusse.

Il importait donc d'en sauver le plus grand nombre possible. Il s'agissait... comment dire? de les rapatrier?
— Non, car il fallait les expatrier pour les maintenir

Français : car, en demeurant sur la terre natale, ils devenaient étrangers ; car, en n'abandonnant pas la patrie, ils la perdaient.

Il s'agissait de leur ouvrir les bras de la France mutilée. Diverses associations se formèrent pour offrir un refuge et un foyer à ces orphelins, pour leur faire recouvrer la patrie, qu'ils n'avaient plus, dans celle qui nous restait.

Il nous échut, dans un rapport au conseil général du Tarn, d'avoir à constater qu'une commission avait voté par acclamation un subside pour cette œuvre si éminemment française.

Nous le fîmes en des termes qui, reproduits ici, ne sauraient passer pour des paroles de circonstance dictées pour les besoins de la cause, de la sainte cause, après tout, que la Société des Gens de Lettres a eu l'honneur de prendre en main.

Nous avons été émus, disions-nous, de l'appel adressé à votre conseil par le comité de Paris.

Nous nous sommes souvenus qu'aux récentes fêtes de Zurich, où tous les drapeaux de l'Europe étaient confondus dans le même faisceau, moins le drapeau de la Prusse, un Alsacien, M. Dreyfus, a parlé ainsi :

« Français, nous avons juré de rester les enfants de la patrie ; nous sommes le sang même de la France, Dieu lui-même ne pourrait pas faire que nous soyons Prussiens... Aimer la France, lui revenir et la servir, voilà notre foi, notre passion, notre catéchisme.

L'Alsace et la Lorraine ne sont ni endormies, ni mortes. Elles sont pour un temps absentes de la patrie. »

Et si des pères nous passons aux enfants, vous savez aussi ce mot d'un petit garçon qu'un officier étranger suppliait de jouer avec une petite fille charmante, et qui répondit à cette invitation : « Jamais, monsieur, je ne jouerai avec la fille d'un Prussien ! » Ce qu'entendant, le père, humilié par un refus si imprévu, ne put s'empêcher de faire cette réflexion toute en notre honneur : « Nous ne serons jamais les maîtres d'un pays qui peut élever contre nous de tels enfants. »

Ces enfants, nous devons les garder comme un trésor quand nous les avons, et les disputer à l'ennemi quand il les convoite et veut nous les enlever.

Ils comprendront plus tard, ces pauvres abandonnés, un bienfait dont ils n'ont pas conscience aujourd'hui, et dont ils nous remercieront un jour en se dévouant à la patrie que, grâce à nous, ils n'auront pas perdue, si nous n'avons pas pu la leur conserver tout entière.

Frédéric Thomas.

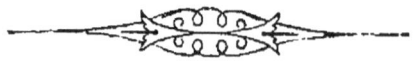

L'ALSACIENNE

On m'appelle l'Alsacienne, mais vous pensez bien, n'est-ce pas, que ce n'est point mon vrai nom, c'est un sobriquet qu'on m'a donné quand je suis arrivée ici, parce que je venais de l'Alsace, mon pays.

Mon nom de fille est Lisbeth Kœbelé, le nom de mon mari est Jérôme Cochard. Comment j'ai quitté Wissembourg, où je suis née, pour venir m'établir ici, à trois lieues de Paris, c'est mon histoire, et je ne demande pas mieux que de vous la dire tout au long, puisque vous êtes curieux de la savoir.

Je n'ai pas à vous apprendre que je suis bossue, ça se voit, n'est-il pas vrai? Ne dites pas non, et, par bonté, n'essayez pas de me démontrer que j'ai tout simplement une épaule plus haute que l'autre. D'honnêtes personnes comme vous m'ont déjà voulu faire quelquefois cette politesse, mais je me connais ; il n'y a pas que les belles femmes qui se regardent dans leur glace, les laides aussi vont à leur miroir, et souvent, si on était changée depuis la dernière fois ?

D'ailleurs, quand même je ne me serais jamais mirée, je saurais encore à quoi m'en tenir ; car si pour tout le monde dans ce pays-ci je suis « l'Alsacienne », à Wissembourg, pour tout le monde j'étais « la bossue » ; il paraît que j'étais née pour recevoir des surnoms.

Vous pensez bien que ce n'était pas sans chagrin que j'entendais du matin au soir ce mot « la bossue » me sonner aux oreilles ; et je conviens aujourd'hui que ça a rendu ma jeunesse bien triste. C'est une grâce du bon Dieu que je n'en sois pas devenue méchante. Quand les femmes et les filles de mon âge se moquaient de moi, cela me faisait rager ; quand c'étaient les hommes, cela me faisait pleurer. J'avais, il est vrai, ma langue pour me défendre, mais je ne pouvais pas rendre tous les coups aussi forts, aussi cruels qu'on me les portait, et quand on me disait :

« Parle de nos amoureux tant que tu voudras, nous ne te répondrons point là-dessus, car tu ne trouveras jamais un homme pour t'épouser. »

Je me taisais, sentant bien en moi-même que c'était vrai.

C'était là ma grande peine, car je vous confesse que j'avais envie de me marier ; il me semblait que je serais heureuse quand j'aurais quelqu'un à aimer.

Pour comprendre ces idées de femme, il faut que vous sachiez, car j'ai oublié de vous le dire, que je n'avais pas de parents. Je n'avais jamais connu mon père ; et ma mère, je l'avais perdue quand j'allais avoir quinze ans. Restée veuve avec trois enfants, sans autres ressources que celles qu'elle pouvait trouver dans son métier à tisser, ma mère s'était tuée de travail pour nous élever. C'était une Lorraine des environs de Metz, dure à la fatigue, comme les gens de son pays ; mais sa santé n'était pas égale à la volonté, elle succomba à la peine, juste au moment où nous arrivions à l'âge de travailler avec elle et de la soulager. Il fallut se séparer ; mon frère, qui était un grand et beau garçon de dix-huit ans, s'engagea comme soldat, et fut envoyé en Afrique, où il mourut de la fièvre ; ma sœur fut emmenée à Paris pour soigner les enfants d'une famille riche ; quant à moi, je restai à Wissembourg servante dans une brasserie, où l'on voulut bien me recevoir et me garder plus par charité tout d'abord que par besoin, car alors je n'étais pas véritablement propre à rendre de grands services à mes maîtres.

Les années s'écoulèrent, et en prenant des forces je me fis au travail, car ce n'était pas le courage et le bon vouloir qui me manquaient. Je me rendis utile à la maison, j'étais prompte à me remuer, je n'avais pas besoin de beaucoup de sommeil ; levée la première, j'étais la dernière couchée. On commença à me considérer.

Mais cela n'empêcha point la moquerie d'aller son train, et à vingt-cinq ans j'étais toujours « la petite bossue » comme à quinze ans.

Pendant ce temps, j'avais vu toutes mes camarades qui avaient à peu près mon âge se marier les unes après les autres, celle-ci à dix-huit ans, celle-là à vingt-trois ou vingt-quatre, et moi naturellement j'étais restée fille, sans qu'aucun homme pensât à m'épouser.

Plus d'une fois, il est vrai, on m'avait dit des paroles d'amour ; mais quand j'avais ouvert les oreilles à ces paroles, j'avais bien vite compris qu'elles n'étaient pas sincères. Parler d'amour à « la bossue », c'était une bonne farce, et l'on en riait joliment le dimanche en buvant de la bière.

Le temps continua de marcher, et jour par jour les années s'ajoutèrent aux années. Comme j'approchais de la trentaine, voilà qu'il se trouva un homme qui me parla doucement en me regardant avec des yeux craintifs. Naturellement je me tins sur mes gardes.

Mais je ne tardai pas à sentir que j'avais tort d'être en défiance ; celui-là était de bonne foi. C'était un soldat de la garnison de Wissembourg, ou plutôt une espèce de soldat, car il était ouvrier tailleur au régiment. Ce n'était plus un homme jeune, et il n'était ni bien solide ni bien hardi, mais il était bon de cœur, doux avec tout le monde, sans jamais blâmer ou railler personne, et puis enfin il avait une façon de me regarder qui me faisait chaud au cœur.

Comme il avait encore un an de service à faire, il fut décidé que nous nous marierions à l'expiration de cette année, et notre mariage se fit juste ainsi qu'il avait été convenu : ce ne fut point ce qu'on appelle un beau mariage, mais pour nous ce n'en fut pas moins une belle fête; il n'y a pas que les riches qui peuvent être heureux.

Pour riches, nous ne l'étions guère : Jérôme n'avait rien et moi je n'avais pour tout bien que trois cents francs économisés à la longue sur mes gages.

Nous ne voulions ni l'un ni l'autre rester à Wissembourg : Jérôme, parce que ce n'était pas son pays; moi, parce que c'était le mien ; j'y avais été malheureuse ; on m'y avait fait souffrir jeune fille, j'avais peur qu'on m'y fît souffrir encore plus tard.

Nous arrêtâmes donc de venir dans le pays de mon mari, c'est-à-dire ici. Nous n'avions pour nous établir, Jérôme que son aiguille, ce qui n'est pas beaucoup pour un homme, et moi je n'avais que mes bras. Cependant quand on veut s'en donner la peine et qu'on n'est pas trop orgueilleux dans ses demandes, on finit toujours par trouver à gagner sa vie : Jérôme eut de l'ouvrage chez un tailleur du pays qui lui donna cinquante sous par jour, et moi, qui ne pouvais plus être servante et n'avais pas de métier dans les mains, je me fis laitière, c'est-à-dire que j'allai toutes les nuits à trois heures du matin acheter deux grands brocs de lait à un voiturier qui passe sur la route de Paris, pour les rapporter ici et les revendre en détail.

C'était assez dur de s'en aller toutes les nuits par le froid, la pluie ou la neige, à une lieue dans le bois, chercher mes brocs qui étaient lourds à remonter, mais je n'ai jamais été tendre à la fatigue, je ne pensais pas à la peine, je ne pensais qu'à mon gain.

Il ne faut pas que ce que je vous dis là vous donne l'idée que je faisais de gros bénéfices ; de vrai, je ne gagnais que trois francs par jour, un sou par litre ; mais pour une femme c'est déjà bien beau, et pour nous c'était superbe; nous n'avions jamais espéré tant ; nous étions les gens les plus heureux du monde ; mon mari était bon pour moi, ne disant jamais un mot plus haut que l'autre, toujours content, ne buvant jamais ; je n'étais plus « la bossue », j'étais « l'Alsacienne ».

Si l'on a raison de dire que les malheurs ne viennent jamais seuls, on devrait le dire aussi des bonheurs, je me trouvai enceinte.

Pendant un an ç'avait été ma grande peine, mon souci de tous les jours, de savoir si j'aurais un enfant; quelle joie quand je sentis remuer le mien ! j'étais donc une femme comme les autres, j'étais mariée, je serais bientôt mère!

Mais après la première poussée de joie, l'inquiétude me reprit : comment serait mon enfant ? Serait-il droit comme son père ? Ne serait-il pas plutôt comme moi ?

Le temps me parut long à attendre ; et quand le moment arriva, j'étais si angoissée de ma crainte, que j'en oubliai presque mes douleurs.

« C'est un garçon, dit la sage-femme.
— Est-il droit ?
— Comme un peuplier.
— Ça sera un superbe soldat, dit mon mari.
— Il pèse plus de dix livres, » ajouta la sage-femme.

La vérité est que c'était un bel enfant ; le plus beau que j'aie jamais vu : fort, frais, sain et bien fait ! Pouvez-vous vous figurer la joie d'une femme comme moi ? J'en perdis presque la connaissance en le regardant : ce bel enfant c'était le mien, mon enfant à moi, la bossue.

Quand je commençai à réfléchir, le mot de mon mari me revint à l'idée pour me tourmenter ; soldat ! mon fils, soldat ! pour qu'on me le tue ou qu'on me l'estropie, un si bel enfant, ce n'était pas possible.

Alors il me poussa dans la tête que je ne devais pas permettre ça et qu'il fallait le racheter. Le racheter, quand nous n'avions pas un sou à nous et que nous gagnions tout juste ce qui était indispensable à notre vie, c'était là une idée bien ambitieuse, n'est-ce pas ? Cependant quand elle m'eut prise, elle ne me lâcha plus : mon fils ne serait pas soldat et je lui économiserais les 1500 francs qu'il fallait pour lui acheter un homme.

Pour cela, combien me fallait-il mettre de côté tous les jours ? Ce fut un calcul qui me prit du temps et me donna du travail. A la fin, je trouvai que j'avais à moi sept mille trois cents jours avant que mon fils eût vingt ans, de sorte que si je pouvais prendre tous les matins quatre sous sur notre dépense, j'aurais au bout de mes vingt ans 1,460 francs.

Quatre sous, ce n'est pas une grosse dépense pour bien des gens ; pour nous, c'en était une importante, surtout parce qu'elle se répétait tous les jours. Heureusement, j'étais d'une race de gens qui n'ont pas peur du difficile, ni même de l'impossible, et qui savent suivre, jour après jour, une idée, en persévérant jusqu'à la fin.

Aussitôt relevée, je me mis à amasser le rachat de mon garçon. Mais ce qu'on calcule dans sa tête et ce qu'on arrange en esprit selon son désir n'arrive pas toujours comme on l'a espéré. Il y avait des journées où, malgré tout, je ne pouvais pas porter mes quatre sous à ma cachette et où il me fallait attendre au lendemain, au surlendemain, quelquefois même à la semaine suivante, et cela embrouillait mes comptes, ou, pour mieux dire, m'obligeait à me souvenir et à faire des calculs.

Bien que n'étant pas du tout habile à calculer, je ne me suis jamais trompée dans mes comptes, et, à un sou près, j'ai toujours su ce que j'avais dans ma cachette, en louis, en pièces de cinq francs et en sous. Quand j'avais cent sous de sous, je les remplaçais par une pièce de cinq francs, et quand je pouvais me procurer un louis, je le mettais à la place de quatre pièces de cent sous.

La cachette dans laquelle j'entassais mon trésor était des plus simples ; c'était un trou que j'avais fait dans la muraille de notre cellier : j'avais dégradé deux moellons, et, à la place d'un de ces moellons, je mettais mon argent, en ayant soin, bien entendu, de refermer mon trou.

A force d'aller dans ce cellier et d'y rester quelquefois à manier mon argent, car ça me faisait plaisir de laisser glisser les louis et les écus entre mes doigts, voilà que j'attirai l'attention de mon mari, qui, maintenant, demeurait toute la journée à la maison, ne voyant plus assez clair pour travailler dans le neuf chez son tailleur. Il me fit des questions, lui qui était l'homme le moins curieux de la terre, et puis, comme il n'était pas satisfait de mes réponses, il tâcha de me surprendre. Je crois bien qu'il avait comme qui dirait de la jalousie : ça ne me fâcha point et, de vrai, même ça me donna de la satisfaction; je n'étais donc plus bossue à ses yeux.

Comme je ne voulais pas le tourmenter, le cher homme, je n'allai plus au cellier que pour y mettre des grosses pièces, et je plaçai tous les jours mes sous dans un trou du mur de notre cuisine : ça me faisait deux cachettes, deux caisses, comme je disais en riant avec moi-même.

Pendant ce temps, mon garçon grandissait, et plus il grandissait, plus il embellissait; c'était le plus fort des enfants de son âge, le plus droit, le plus souple; il n'y avait pas son pareil pour courir ou bien pour monter aux arbres; alors, en le regardant me revenir tout déchiré, ça me donnait de l'orgueil au cœur, mais, surtout, ça me donnait du courage pour travailler davantage et augmenter mon magot.

Mon garçon allait avoir dix ans quand mon mari

tomba malade la maladie fut longue et le rétablissement fut plus long encore; le médecin me dit qu'il ne reviendrait à la santé que s'il avait une bonne nourriture, de la viande au moins une fois par jour et du vin à tous ses repas.

Dieu merci, je n'eus pas une minute d'hésitation; tous les matins j'allai à la cachette du cellier, celle qui renfermait les grosses pièces, et, au lieu d'y mettre, j'y pris ce qu'il fallait pour rendre la vie à mon pauvre homme. Vous dire que ça ne me coûtait pas de voir s'en aller chaque jour mon cher argent que j'avais eu tant de peine à amasser ne serait pas vrai; le cœur me saignait quand je sentais avec ma main les pièces diminuer dans le trou.

Enfin, petit à petit, bien doucement, il se rétablit, les forces lui revinrent, il put travailler et reprendre ses habitudes d'autrefois. A ce moment, il ne restait plus que 208 francs dans le trou.

Comment faire? Faudrait-il donc laisser partir mon garçon?

Cette idée-là me mettait le feu dans la tête. Après avoir bien cherché, bien calculé, je pris une grande résolution. Avec mes deux cents francs, j'achetai un âne et une petite voiture, et je me mis à parcourir les campagnes environnantes en vendant des légumes, des œufs, des fruits, du fromage à la crème. Tous les matins, à deux heures, je partais pour aller chercher mon lait, je le rapportais à pied à la maison, et je le distribuais chez mes pratiques; à huit heures, j'avais fini; alors, j'attelais mon âne et me mettais en route avec ma voiture de légumes, m'arrêtant de porte en porte, jusqu'à cinq ou six heures du soir. Ça me faisait de longues et de rudes journées, mais il fallait ça, car je n'avais plus que dix ans devant moi pour amasser le remplacement de mon garçon, et le prix de ce remplacement avait été augmenté par le gouvernement; il était maintenant de 2,300 francs; pourquoi, je ne l'ai jamais su; mais, enfin, c'était ainsi, et il fallait en passer par là, ou bien mon garçon serait soldat. Deux mille trois cents francs à amasser en dix ans, c'était plus de douze sous par jour.

Je ne désespérai point, et, au bout de deux ans, j'avais dans ma cachette trois louis et quarante pièces de cent sous; quelquefois j'avais pu y mettre vingt sous, quelquefois je n'y avais mis que cinq sous, mais enfin tous les jours j'y avais apporté quelque chose, et maintenant j'étais bien certaine, la santé et la force me restant, d'arriver à mes fins : mon fils ne serait pas soldat et il serait racheté par moi, moi seule.

A sa sortie de l'école, je lui avais fait prendre un état; il aurait voulu être charpentier, mais je n'y avais pas consenti, car charpentier ou soldat c'est presque la même chose pour le risque; on aurait pu me le blesser, et je ne voulais pas de ça; il s'était donc fait menuisier. Et je vous jure que c'était un bel ouvrier quand il s'en allait le lundi matin avec sa blouse blanche bien repassée; je me mettais sur le seuil de notre porte pour le suivre des yeux pendant qu'il montait notre rue en chantant.

Il alla toujours en embellissant, et à dix-neuf ans c'était bien véritablement le plus beau garçon du pays; je ne voyais pas ça seulement par mes yeux, mais je le sentais encore à la façon dont les jeunes filles le regardaient. Au bal de la fête du pays, il dansait non-seulement avec les filles des ouvriers et des cultivateurs, mais encore avec celles des bourgeois.

Dix-neuf ans, ce n'est pas loin de vingt. Cette dernière année passa rapidement, et le moment du tirage approcha. Alors je vis mon garçon s'attrister.

« Ne t'afflige donc pas, lui disait son père, tu ne seras pas perdu, j'y ai bien été vingt et un ans, tu feras comme moi. »

Entendant ça, je riais en moi-même, pensant à la joie qu'il aurait après son inquiétude et son souci.

Deux jours avant le tirage, le frère de mon mari, qui demeure à Villiers, vint nous voir, et pour lui faire honneur je tuai un lapin que j'arrangeai en matelote; mais, pendant le dîner, je vis que mon garçon ne mangeait pas; on parlait du tirage, de soldats, de régiment, et ça lui avait coupé l'appétit.

« Ça te chagrine donc bien, » que je lui dis en le tirant dans la cour.

Il me regarda pendant longtemps avec des yeux tristes; puis, m'embrassant :

« Je ne retrouverai pas Célestine, » me dit-il.

Célestine, c'était la fille du marchand de bois, notre voisin : comme c'étaient des gens riches, je n'aurais jamais cru que mon fils penserait à leur fille. Mais alors je compris qu'il l'aimait. Et pourquoi pas? Il était assez beau pour aimer toutes les femmes et être aimé d'elles.

Je le regardai à mon tour et, voyant son chagrin, je ne pus me tenir plus longtemps.

« Va chercher ton père et ton oncle. »

Alors je les menai tous dans le cellier, et, montrant le trou à mon garçon, je lui dis :

« Fouille là dedans. »

Il enfonça le bras et on entendit les louis et les pièces de cent sous sonner.

Il en tira une poignée ; j'avais tendu mon tablier :

« Mets-les là dedans et fouille toujours. »

Il en tira une nouvelle poignée, puis une autre encore.

Il fallait voir la figure de mon mari et de mon beau-frère.

« Va toujours, il y a 98 louis, 62 pièces de cent sous et 23 pièces de quarante sous; en tout, 2,316 francs.

— Est-ce vrai, maman, que c'est à toi tout ça?

— Voyons, voyons, ma femme, dit mon mari en tremblant, où as-tu eu ça, dis-le-moi, je t'en prie. »

A sa voix, je compris qu'il avait peur, et tout de suite je leur racontai comment j'avais amassé mon trésor.

« C'était donc pour cela que tu venais si souvent dans le cellier.

— Hé oui, grande bête.

— Si j'allais avoir un bon numéro, dit mon garçon, quelle noce on pourrait faire avec tout ça. »

Cela me produisit un singulier effet d'entendre dire qu'on pourrait faire la noce avec cet argent que j'avais eu tant de peine à gagner; mais on n'eut pas à s'inquiéter de ça; le numéro du tirage ne fut pas bon, et il fallut acheter un homme avec les 2,300 francs.

Mon fils ne fut donc pas soldat; mais, par malheur, ça ne lui a pas profité. Célestine a épousé le fils du notaire et mon pauvre garçon s'est mis à boire.

Aujourd'hui, il est chantre à l'église, où il gagne six cents francs de fixe et au moins huit cents francs de casuel. Jamais il ne touche à un rabot ou à une scie; tout le temps qu'il n'est pas employé à l'église, il le passe au café à boire et à jouer au billard. Aussi, il y a des moments où je me demande si j'ai bien fait de l'empêcher d'être soldat : au régiment, il aurait peut-être pris d'autres habitudes. Si vous allez dimanche à la grand'messe, regardez-le, vous verrez comme il porte la maîtresse chape.

Hector Malot.

LA
STATUE DE STRASBOURG

Quand on traverse la place de la Concorde, qu'animent les évolutions et le passage des troupes, l'œil est attiré par un groupe qui se renouvelle sans cesse aux pieds de la statue représentant la ville de Strasbourg. Majestueusement, du haut de son socle, comme du haut d'un autel, elle domine la foule prosternée ; une nouvelle dévotion s'est fondée, et celle-là n'aura pas de dissident ; la sainte statue est parée comme une Madone, et jamais la ferveur catholique n'a couvert de plus d'ornements une image sacrée. Ce ne sont pas, il est vrai, des robes ramagées de perles, des auréoles constellées de diamants, des manteaux de brocart d'or brodés de rubis et de saphirs comme en porte la vierge de Tolède, mais des drapeaux tricolores lui composent une sorte de tunique guerrière qui semble rayée par les filets d'un sang pur.

Sur sa couronne de créneaux, on a posé des couronnes de fleurs. Elle disparaît presque sous l'entassement des bouquets et des ex-voto patriotiques. Le soir, pareilles aux petits cierges que les âmes pieuses font brûler dans les églises devant la Mère divine, les lanternes vénitiennes s'allument et jettent leurs reflets sur la statue impassible et sereine. Ses traits, d'une beauté fière, ne trahissent par aucune contraction qu'elle a, enfoncés dans la poitrine, les sept glaives de douleurs. On dirait presque qu'elle sourit quand la lueur rose des lanternes flotte sur ses lèvres pâles. Des banderoles où sont tracées des inscriptions enthousiastes voltigent autour d'elle.

Sur le piédestal se lisent des cris d'amour et d'admiration. Des pièces de vers, des stances sont écrites au crayon, et si l'art manque à ces poésies, le sentiment s'y trouve toujours. Devant le socle est un large registre ouvert, et les noms s'y ajoutent aux noms. Le peuple parisien s'inscrit chez la ville de Strasbourg. Le volume, relié magnifiquement et blasonné aux armes de la glorieuse cité, sera offert à la grande martyre qui se dévoue pour l'honneur et le salut de la France. Jamais ville n'aura eu dans ses archives un plus glorieux livre d'or.

Par un de ces mouvements d'exquise délicatesse qui parfois remuent les foules d'un frisson électrique, le peuple semble, en adoptant cette statue comme une image sacrée, comme une sorte de palladium, et en lui rendant un culte perpétuel, vouloir dédommager la ville malheureuse, lui prouver son ardente sympathie et la soutenir, autant qu'il est en lui, dans son héroïque résistance.

Que de fois, pendant ces courtes vacances que l'été fait au feuilletonniste, nous avons traversé Strasbourg en allant à Bade, à Wiesbaden, à Heidelberg, à Munich, à Stuttgard. Nous y faisions toujours un temps d'arrêt et nous allions rendre une visite à notre vieil ami, le *Münster*. A chaque voyage nous le retrouvions élançant vers le ciel, avec la foi des anciens jours, sa flèche vertigineuse. Sur ses murs de granit rouge, la rouille du temps verdissait par places, comme sur une armure de cuivre. Les saints montaient la garde dans leur niche découpée en dentelle, et, sous le porche, les vierges sages et les vierges folles continuaient leur procession symbolique.

Les douzes apôtres venaient ponctuellement à l'heure de midi tourner autour de Jésus-Christ, sur l'horloge astronomique de M. Schwilgué, qui remplace celle de Conrad-Dasypodius.

Du coin de la place, la statue d'Erwin de Steinbach, l'architecte de la cathédrale, nous lançait un sourire d'intelligence comme pour nous dire qu'il nous reconnaissait bien. Les cigognes s'envolaient, les pattes tendues en arrière, comme sur la vignette des livres de Delalain, ou se tenaient debout dans leur nid, au sommet d'un de ces immenses toits à six étages de lucarnes qui sont particuliers à Strasbourg.

La ville nous plaisait par sa physionomie pittoresque et ces petites singularités de détail et d'accent, reflet du pays voisin qu'on retrouve dans les places frontières. Mais cela n'empêchait pas Strasbourg d'être français et très-français ; il le prouve aujourd'hui de la façon la plus éclatante.

Qui nous eût dit alors que cette ville charmante et paisible, amoureuse de l'étude et des savantes recherches, guerrière cependant malgré son air de bonhomie patriarcale, et bouclant autour de ses reins une ceinture de canons, serait un jour attaquée avec une si incroyable furie ? Lorsque nous regardions, le soir, le *Chariot*, la *petite Ourse* et *Cassiopée* scintiller comme des points d'or derrière les dentelles noires du *Münster*, qui jamais aurait pensé que ces douces lueurs d'étoiles eussent pu être éteintes par le flamboiement sinistre des bombes ? Et cependant une pluie de fer tombe nuit et jour sur le *Münster*, brisant les clochetons, mutilant les statuettes, perçant les voûtes des nefs et écornant l'horloge avec son peuple de figurines et ses millions de rouages. La bibliothèque, unique au monde en son genre, a brûlé. Des incunables provenant de l'ancienne commanderie de Saint-Jean de Jérusalem, l'*Hortus deliciarum* dû à Herrade de Landsberg, abbesse de Sainte-Odile à la fin du douzième siècle, le poëme de la *Guerre de Troie* composé par Conrad de Wurzbourg, les poésies de Gaspard de Haguenau, des missels, des bréviaires, des manuscrits à miniatures, cent cinquante mille volumes du choix le plus rare sont réduits en cendre. La rue de la Nuée-Bleue, dont le nom romantique nous plaisait, a perdu plusieurs maisons, et le théâtre n'est plus qu'un monceau de décombres.

Malgré tous ces désastres, avec une obstination héroïque, la ville spartiate résiste toujours. Rien ne peut abattre sa grande âme. Elle s'ensevelira sous ses débris plutôt que de se rendre. Le brave général Uhrich tient bon contre l'effroyable déluge de feu. Malgré les incendies qui s'allument de toutes parts comme des flammes sur des trépieds et qui brûlent sur sa chair les pans de sa robe, la ville sublime fait de la tête un geste négatif à toute offre de capitulation, et l'Allemagne appelle des artilleries encore plus monstrueuses et leur commande de foudroyer cette insolente.

Cette rebelle, cette entêtée ne veut pas se souvenir de son origine germanique et ne sait qu'une chose : c'est qu'elle s'est donnée à la France de tout cœur et de toute âme et qu'elle est résolue à mourir pour elle. Mais elle ne mourra pas. En dépit des bombes, des obus, des boulets qui sillonnent le ciel enflammé, la cathédrale est toujours debout, et, dans la silhouette sombre de sa flèche, se découpe toujours cette croix de lumière, signe d'espérance et de salut, que l'ennemi peut voir briller de l'autre rive du Rhin.

Théophile Gautier.

UNE
FAMILLE LORRAINE

On vient de t'enlever deux filles, ô Patrie !
L'une a pour nom Lorraine ; elle est fraîche et fleurie ;
Meuse, Meurthe et Moselle étaient ses trois miroirs.
L'autre, nommée Alsace, a la tresse dorée ;
C'est une blonde, avec la prunelle azurée,
      Qui porte au front des rubans noirs.

Ils sont venus chez toi, te repoussant loin d'elles,
Ces épais amoureux, qui les trouvaient si belles.
Mais par les monts, les bois, courant sous l'œil de Dieu.
Chacune aux ravisseurs échappe, se dérobe,
Te revient... et se tient, comme aux plis de ta robe,
      A ton drapeau blanc, rouge et bleu.

Certes, ces trois couleurs de ta riche bannière
Sont brillantes ; tu peux toujours en être fière :
Le bleu, couleur du ciel, dont l'éclat fut si beau,
C'est ta foi, qu'on outrage, et qu'il faut sur ta route ;
Le blanc, c'est ton honneur ; le rouge, c'est sans doute
    Ton sang, qui teignit le drapeau.

A Metz, ville conquise, un jour, l'âme brisée,
Une mère et son fils pleuraient. Sous la croisée,
Les Allemands passaient ; la ville était leur bien.
Et la mère et le fils, voyant ces nouveaux maîtres,
Regardaient le Malheur passer sous leurs fenêtres
    En uniforme prussien.

Et les casques pointus, couvrant la tête rousse,
Et les sabres traînants, dont le bruit nous courrouce,
Défilaient... leur fanfare avait un chant moqueur ;
Le pays y mêlait comme un cri de souffrance :
Sous leurs pieds gros et lourds, écrasant notre France,
    Ils semblaient marcher sur son cœur.

« Voilà donc nos vainqueurs ! dit le fils ; sombre histoire !
Ils étaient si nombreux ! dix contre un... leur victoire
C'est de l'arithmétique. Oh ! du moins j'en réponds,
Nous combattions sans peur, sans demander leur compte.
Si le sang a rougi nos poitrines, la honte
    N'a jamais fait rougir nos fronts.

« Partons, viens à Paris... leur vue est trop amère.
— Partir ! fuir mon logis bien-aimé ! dit la mère.
Là s'asseyait ton père, ici fut ton berceau.
Attachons-nous au sol, pas de cités nouvelles :
Les racines, pour moi, valent mieux que les ailes ;
    J'aime mieux la fleur que l'oiseau.

« Ma maison ne vit pas, n'est rien par elle-même ;
Mais c'est comme une amie en pierre, et moi, je l'aime.
Ces murs, parlant sans voix de ma mère, de toi,
N'ont pas un cœur qui bat, ils sont froids, insensibles,
Mais ils ont renfermé, ces vieux murs impassibles,
    Tous les cœurs qui battaient pour moi.

« J'ai tout dans cette ville, habitude, tendresse,
Les biens qui me font vivre et les mains que je presse,
Les logis des parents. Par le droit du canon,
Vainement de ma ville ils font une ennemie ;
J'y connais chaque rue et peux, comme une amie,
    Nommer chacune par son nom.

« J'ai là ma chère église, où je me chauffe l'âme
Avec du feu sacré. Quelle autre aurait sa flamme ?
Dieu semble m'y traiter comme un enfant gâté.
La cloche si souvent m'a dit : « Viens, prie, espère. »
Sa grande voix pleura pour la mort de ton père,
    Et pour ta naissance a chanté.

« Puis songe au cimetière où dorment nos fidèles.
— Ils nous suivront, dit-il, les âmes ont des ailes.
Mère, à nos ennemis j'obéirais... jamais !
Vivre avec ces vautours, palpiter sous leur serre !
J'aimerais mieux donner ma tête dans la guerre,
  Que de la courber dans la paix.

« J'ai le nom de mon père et le tien, mais je porte
Un autre nom, qui rend ma colère plus forte,
C'est celui d'un grand peuple. On me l'enlève ici.
La France et toi pourtant vous êtes mes deux mères,
Et le nom de Français, que portent tous mes frères,
  C'est mon nom de famille aussi.

« On me ferait marcher dans l'armée ennemie,
Je serais l'étranger pour les miens... infamie !
En soldats prussiens, en uhlans transformés,
Nous brandirions contre eux et le sabre et la lance !...
Avec les bras ouverts nous irons vers la France,
  Jamais avec les bras armés.

— Partons ! s'écria-t-elle. Adieu, maison chérie !
Viens, mon fils, puisqu'ils ont déplacé la patrie,
Il faut fuir ce pays natal, qu'on nous vola,
Voir un fleuve nouveau couler sous une autre arche.
Nous pouvons bien marcher quand la frontière marche ;
  Faisons comme elle, et suivons-la.

« O peuple de Paris ! donnant à bourse pleine
A tant de malheureux d'Alsace et de Lorraine,
Tâchez que le bienfait ne soit pas incomplet ;
Auprès des indigents, songez qu'il en est d'autres
Qui ne tendent les mains que pour serrer les vôtres :
Donnez-leur un sourire, un regard, s'il vous plaît.

« Quand nous laissons pour vous nos villes les plus belles,
Nos biens, livrés peut-être à des soins infidèles,
Accueillez-nous ainsi que des frères, des sœurs.
Nous quittons en pleurant cité, plaine et montagne :
Recevez, consolez ces Français d'Allemagne ;
On rétrécit la France, agrandissez vos cœurs. »

Anaïs Ségalas.

UNE GRANDE PATRIOTE

I

Le nom de Françoise Gerhardt mérite de figurer dans les annales de l'Alsace.

Type alsacien, figure carrée, sérieuse, de couleur bise, encadrée de cheveux blonds.

Les yeux bleus sont doux, calmes et fermes.

Il y a dans le port de la tête une résolution, une noblesse qui étonne chez une femme d'origine plébéienne et dont l'existence modeste s'est écoulée au milieu des champs.

La surprise cesse toutefois quand on connaît la vie de cette femme.

Veuve à trente ans, avec quatre enfants en bas âge.

une fille et trois fils, ne possédant pour tout bien qu'une pauvre ferme située au milieu des Vosges, elle se mit courageusement au travail pour nourrir et élever sa famille.

Elle prit elle-même la direction de la culture et déploya cette activité persévérante et industrieuse qui est le caractère propre des travailleurs alsaciens.

Elle transforma cette gorge abrupte, inculte, en un vallon riant et fertile.

A la place de bois rachitiques s'élevèrent de plantureuses houblonnières.

Dans les espaces envahis jusqu'alors par la fougère, elle sema du lin et du tabac.

Elle planta de la vigne là où la ronce, l'épine-vinette, le mûrier sauvage entremêlaient leurs rameaux inféconds.

Et la terre, cette terre de l'Alsace surtout, qui demande un labeur opiniâtre et des soins incessants, mais qui n'est jamais ingrate, la récompensa largement.

A force de travail, d'économie, de dévouement, la courageuse mère avait atteint son but.

De ses trois fils, elle avait fait des hommes instruits, capables de rendre des services à leur pays.

Les deux aînés, élèves de Saint-Cyr, étaient officiers : Stephen, capitaine de dragons, et Claude, lieutenant de spahis. Le plus jeune, Frantz, avait achevé ses études dans une ferme-modèle. Il resterait auprès d'elle et lui succéderait dans la direction de la culture.

Quant à la jeune fille, la jolie Christiane, elle aidait sa mère dans les soins du ménage. Elle emplissait la maison de chants et de sourires. Elle était la reine de la basse-cour et la plus belle fleur du parterre qui égayait les abords de la ferme.

Ces quatre enfants adoraient leur mère et lui rendaient en respect et en tendresse ce qu'ils en avaient reçu en dévouement, en soins affectueux.

C'était, en un mot, une de ces familles patriarcales comme on n'en trouve plus guère que dans l'honnête et naïve Alsace.

Mme Gerhardt est non-seulement une véritable Alsacienne par les qualités solides de son cœur, mais encore une ardente patriote.

Depuis longtemps elle haïssait les Prussiens, à cause, disait-elle, de leur malice sournoise, de leur finesse artificieuse et surtout de leur rapacité.

Cependant cette haine ne s'étendait pas à tous les Allemands.

Christiane aimait de tout son bon et tendre cœur un jeune Wurtembergeois, employé dans une manufacture voisine, et qui, tous les dimanches, faisait avec elle de la musique.

Mme Gerhardt approuvait cet amour.

Les deux jeunes gens venaient d'être fiancés quand éclata soudainement la terrible guerre.

Karl Forlich dut rejoindre l'armée wurtembergeoise.

Les adieux furent déchirants. Il semblait à l'aimante fillette qu'en partant Karl lui emportait le cœur.

Qui pouvait prévoir l'issue de la lutte qui s'engageait?

Mme Gerhardt croyait au triomphe de la France. Aussi ne défendit-elle point à la pauvre Christiane de garder sa foi à son fiancé.

Quand on est vainqueur, il est si facile de pardonner!

Cependant les premiers coups de canon retentirent.

La défaite de Wissembourg frappa l'Alsace de stupeur.

On en avait vu revenir des soldats épouvantés.

Les Français pouvaient donc être vaincus!

Cette foudroyante nouvelle avait consterné la courageuse veuve, car ses deux fils aînés faisaient partie du corps de Mac-Mahon, et l'on annonçait encore une grande bataille.

C'était le 7 août.

Depuis le matin, le canon grondait incessamment, semblable à un orage lointain.

Et l'on sait que chaque coup frappe et abat des victimes. C'est celui-là peut-être qui a renversé, broyé, tué ceux que nous aimons. Ils sont là-bas, étendus sur la terre humide, blessés, déchirés, se tordant dans les angoisses de l'agonie, sans un adieu, sans une main amie pour leur serrer la main, pour leur fermer les yeux.

Depuis le matin, Mme Gerhardt et Christiane écoutaient ce roulement sinistre, se regardant avec terreur, souffrant les mêmes angoisses, la mère tremblant pour ses fils, la jeune fille, pour ses frères et pour son fiancé.

Elles allaient jusqu'à la route à la rencontre des nouvelles; puis elles revenaient brisées, anéanties.

Frantz courait au bourg de Neuwiller et en rapportait les bruits les plus contradictoires.

Tantôt c'était une défaite; tantôt c'était Mac-Mahon qui venait d'écraser quarante mille Prussiens.

Ces alternatives d'espoir et de déception ajoutaient encore aux douleurs de l'attente.

Il était neuf heures du soir. Aucune nouvelle certaine encore. Depuis quatre heures pourtant le canon avait cessé. Il y avait une victoire et une défaite; mais à qui la victoire? à qui la défaite?

Une victoire eût été connue déjà.

Tout à coup, sur la route qui traverse le vallon, on voit déboucher des turcos accroupis sur des chevaux sans brides ni selles; puis des dragons courant ventre à terre dans la direction de Saverne.

Puis voici comme un flot humain qui déborde et se précipite.

Péle-mêle, chasseurs, zouaves, cavaliers se pressent et se heurtent dans un désordre qui révèle l'épouvante.

C'est la déroute, l'effroyable déroute.

A voir passer toutes ces épaves humaines, le désastre doit être immense.

Il semble qu'un cataclysme inattendu, inouï, ait frappé de terreur tous ces fuyards.

Ils courent en silence, le regard baissé vers la terre.

Ils ont jeté dans leur fuite éperdue sacs, casques, fusils, cuirasses.

Des fantassins, montés en croupe derrière des cavaliers, les serrent convulsivement.

Puis viennent les affûts sans canons et des chars où sont étendus des blessés, des mourants, des soldats épuisés qui dorment d'un sommeil pesant.

Ce lugubre défilé dura toute la nuit.

Toute la nuit, Mme Gerhardt attendit, espérant voir entrer ses fils; mais ils ne vinrent pas.

Elle questionnait les soldats qui entraient incessamment pour demander à boire et à manger; mais aucun ne pouvait lui dire ce qu'étaient devenus le 3e dragons et le régiment de spahis.

Christiane n'osait s'informer si les Wurtembergeois avaient donné dans la bataille. Maintenant elle rougissait presque de s'intéresser à un Allemand, à l'un de nos vainqueurs.

A mesure que la nuit avançait, le visage de Mme Gerhardt pâlissait davantage. Elle ne parlait point; ses yeux mornes et fixes semblaient regarder au delà des monts et des grands bois.

Frantz voyait les angoisses de sa mère et les partageait.

La France vaincue, l'Alsace envahie! Il frémissait d'indignation patriotique.

« Mère, dit-il, devant le malheur de la patrie, tous

les Français doivent prendre les armes. Si vous le permettez, je partirai demain pour défendre notre chère Alsace contre les envahisseurs.

— Tais-toi, mon enfant, répondit la mère effrayée, tais-toi. Qui donc nous protégerait ici, si tu n'y étais pas ?»

Soudain, comme l'aube commençait à blanchir le ciel, un homme, un soldat entra, couvert de sang et de boue, et tomba mourant d'épuisement.

Mme Gerhardt poussa un cri. Elle venait de reconnaître l'ordonnance du capitaine.

Elle s'élança vers lui, le regard anxieux et suppliant.

Elle n'osait l'interroger.

Le soldat se taisait.

« Mon fils ? » s'écria-t-elle enfin.

Le soldat baissa les yeux.

« Mort ? dit-elle d'une voix rauque.

— Il m'a chargé, répondit l'ordonnance, de vous porter son dernier adieu. »

Elle se pencha de nouveau vers le blessé.

« Et Claude ? articula-t-elle avec effort.

— Je l'ai vu tomber aussi, » murmura faiblement le soldat.

La pauvre mère se redressa de toute sa hauteur, comme pour se raidir contre le coup qui la frappait.

Puis se retournant soudain par un mouvement plein de grandeur vers son dernier fils :

« Frantz, dit-elle d'une voix pleine, tu partiras demain. »

II

Quinze jours se sont écoulés depuis la défaite de Frœschwiller, et la France a vu s'abattre sur elle le fléau de l'invasion.

Tandis que l'armée du prince royal franchissait les Vosges pour rejoindre sous Metz l'armée de Steinmetz et de Frédéric-Charles, l'armée de Werder descendait vers Strasbourg pour l'investir.

C'était dans toute l'Alsace un véritable affolement; car les anciens conservaient le souvenir des horreurs de la première invasion.

La population émigrait éperdue vers les forêts voisines.

On fermait les boutiques, on entassait les mobiliers sur des charrettes.

Les paysans, frappés de vertige, fuyaient, poussant, comme au temps d'Abraham, leur bétail devant eux et criant :

« Dans la montagne ! dans la montagne ! »

Le long des sentiers perdus des Vosges on voyait une longue file de femmes en larmes, d'enfants fatigués, épuisés, tombant à chaque pas, d'hommes à figures farouches.

Il était cinq heures du soir. Le soleil s'abaissait dans

un ciel pur et distribuait en artiste sur le frais vallon de Neuwiller la lumière et les ombres.

Quel calme !

On dirait que la ferme est déserte. Le parterre de Christiane, rempli de fleurs aux couleurs vives, exhalait des senteurs de sauge, d'œillets, de géraniums et de chèvrefeuille.

Dans la cour, quelques poules picoraient allègrement ; un coq agile et fier poussait son cri sonore.

Sur le flanc des coteaux, les vaches blondes paissaient ; et la prairie, avec ses bouquets de saules et ses rideaux de peupliers, resplendissait d'une belle couleur dorée et sereine.

Comment, devant ce paysage si riant, si tranquille, s'imaginer qu'il y eût à quelques lieues de là des tempêtes humaines, d'horribles combats, d'effroyables souffrances !

Comment s'imaginer que, sous ce toit si paisible, on pût endurer toutes les tortures du cœur !

Frantz était parti. Il s'était engagé dans un corps de francs-tireurs.

Mme Gerhardt avait envoyé Christiane chez un ami qui habitait un village caché dans un escarpement des Vosges.

Elle restait donc seule à la ferme.

L'ennemi, disait-on, avait envahi le bourg de Neuwiller. Il approchait.

Mme Gerhardt était fort perplexe. On parlait d'un

combat qui s'était livré la nuit précédente dans le bois voisin entre les francs-tireurs et les Prussiens.

De temps à autre, elle s'avançait sur le seuil de la porte, prêtant l'oreille, interrogeant du regard les sommets couronnés d'arbres et le chemin qui conduisait au bourg.

Tout à coup elle entendit comme un bruit sourd qui ébranlait le sol. Bientôt elle vit reluire entre les arbres qui bordaient la route les casques pointus.

Ils arrivaient.

Elle les attendit, le cœur ferme.

C'était un bataillon de dragons noirs.

Deux uhlans d'abord se dirigèrent vers l'habitation, bride abattue, le panache au vent, le sabre nu, l'œil étincelant, terrible.

Mme Gerhardt demeura debout, inébranlable.

« Que désirez-vous, demanda-t-elle à l'officier qui mit pied à terre.

— Parbleu ! répondit-il en bon français, je désire loger mon bataillon. Nous avons faim, servez-nous sur l'heure un bon dîner.

— Je ne vous donnerai rien, répondit fièrement la noble femme. Vous êtes les maîtres, prenez.

— Ah ! ah ! si vous nous parlez sur ce ton-là, gare à vous ! On nous a dit qu'il y avait ici des francs-tireurs.

— Il n'y en a pas. Cherchez.

— Vous avez dû en voir dans les bois voisins ?

— Je n'en ai pas vu. »

Au même instant, une fusillade bien nourrie s'abattit des sommets qui dominaient la ferme.

« Vous mentez, » reprit l'officier en dirigeant vers la poitrine de Mme Gerhardt le canon de son revolver.

Elle ne sourcilla point.

« Combien sont-ils ? hurla l'officier ; parlez. »

Elle ne répondit pas.

Mais déjà les dragons noirs montaient à l'assaut des collines et cernaient le bois.

La nuit tombait. On entendait de tous côtés crépiter la mitraille.

Mme Gerhardt écoutait, palpitante. Chaque détonation retentissait dans son cœur.

Tout à coup elle entrevit des ombres se glisser dans les houblonnières et s'approcher à pas de loup.

« Mère, dit une voix, c'est nous.

— Entrez vite, » fit-elle.

Quarante hommes à la file pénétrèrent dans la ferme.

En un clin d'œil, la défense fut organisée.

Ils amoncelèrent les chariots, les instruments aratoires, les matelas, les meubles en une haute barricade ; puis ils pratiquèrent des meurtrières dans les portes et dans les volets.

Et ils attendirent.

La lune se levant lentement au-dessus des monts, semblable à un globe de feu, éclaira le vallon.

Les dragons, un instant dispersés par la fusillade des

francs-tireurs, s'étaient ralliés et revenaient à la ferme, ventre à terre.

L'assaut, un assaut terrible commença.

La barricade fut enlevée. Les portes et les volets criblés n'opposaient plus qu'une faible résistance. La ferme allait être envahie. Les francs-tireurs tomberaient au pouvoir d'un ennemi féroce.

Mme Gerhardt assistait intrépide aux péripéties de ce combat à outrance.

Jugeant cette lutte inutile, quelques-uns proposèrent de se rendre.

« Se rendre ! cria-t-elle. Jamais ! Vous ne les connaissez donc pas. Il n'y a chez eux ni honneur, ni pitié. Ils vous tueront. Non, non. Fuyez ! par là, fuyez ! »

Après avoir ouvert une issue de derrière, elle prit une des gerbes qui avaient servi à matelasser la porte.

Elle en fit une torche qu'elle alluma.

« Fuyez, » répéta-t-elle.

Et elle mit le feu à la ferme, à cette ferme qui contenait tous ses chers souvenirs, cette ferme, le fruit des travaux, des économies de vingt ans.

L'incendie arrêta l'ennemi.

Mais les francs-tireurs, sauvés par cet acte d'héroïsme, tombèrent quelques jours après entre les mains des dragons noirs.

Irrités de cette longue résistance, les Prussiens inventèrent une vengeance atroce.

Lorsqu'ils eurent quitté Neuwiller, Mme Gerhardt, qui s'était réfugiée auprès de Christiane, revint avec elle à la ferme.

Comme elles approchaient :

« Regarde, fit Christiane en se serrant contre sa mère, que voyons-nous sur le bord du chemin ? On dirait des soldats. Sont-ce des Prussiens ou des Français ? Quelle immobilité ! Et quelle étrange chose ! leurs pieds ne touchent pas la terre. »

Mme Gerhardt, le cœur tremblant, l'œil dilaté par la peur, regardait sans répondre.

Que signifiait en effet ?

En avançant davantage, elles reconnurent l'uniforme des francs-tireurs.

Elles marchèrent plus vite.

Horreur ! Ces corps étaient pendus. Leurs visages bleuâtres, sanglants, étaient horriblement mutilés. Avant de les pendre, les sauvages leur avaient coupé le nez et les oreilles, et dans leur tactique féroce, pour faire un exemple, les avaient exposés ainsi sur le bord du chemin (1).

Devant cet effroyable spectacle, Mme Gerhardt, la gorge serrée par une angoisse horrible, ne put articuler une parole. Elle courait affolée de l'un à l'autre corps,

---

(1) Ce fait monstrueux s'est réellement passé en Alsace.

cherchant à reconnaître, parmi ces cadavres défigurés, son fils, son cher Frantz.

C'était le dernier de la sinistre rangée.

Saisissant alors avec violence le bras de sa fille :

« Jamais, entends-tu, Christiane, jamais tu n'épouseras un de ces barbares. J'aimerais mieux te voir morte que mariée à un Allemand. »

III

Depuis deux ans bientôt la guerre est finie.

Par le fait d'une brutale conquête, l'Alsace, si française de cœur, est devenue province allemande.

L'odieux conquérant a mis le comble à l'abus de la force, en obligeant ses nouveaux sujets à opter pour l'une des nationalités.

Mme Gerhardt est plus Française encore qu'Alsacienne. Jamais elle ne sera Prussienne, jamais elle ne portera ce nom détesté.

« Sans doute, disait-elle, il faut qu'il reste des Français en Alsace, afin que l'Alsace soit comme un cancer attaché aux flancs de la Prusse, afin qu'au jour de la revanche, tous les Alsaciens se lèvent en masse contre l'oppresseur. Mais moi, je ne pourrais rester, car je ne saurais cacher ma haine. »

Elle quittera donc sa ferme. Elle vendra cette terre

qu'elle a cultivée pendant vingt années, ces arbres qu'elle a plantés, ces champs fertilisés par tant d'efforts. A ses yeux, ce joli vallon est devenu horrible depuis qu'il est terre prussienne. Elle ne pourrait y demeurer, y vivre. Il est plein d'ailleurs du souvenir de ses enfants, et elle n'a plus d'enfants.

C'était aux premiers jours d'octobre 1872.

Cette ferme jadis si coquette, qui se dérobait sous ses grands arbres avec un air de mystérieux bonheur, était restée comme au lendemain de la bataille. Elle n'offrait plus qu'un tableau de saccage et de ruine.

L'ardente patriote, en prévision de son départ, n'avait voulu y faire aucune réparation.

La toiture effondrée s'inclinait. Les murs à demi consumés laissaient voir l'intérieur de la maison. Ils étaient criblés de ces trous en étoile que font les balles sur le crépissage.

La basse-cour était déserte. De temps à autre, une corneille jetait dans ce morne silence son cri lugubre.

Dans le parterre dévasté, le chardon, le chiendent et la prêle étouffaient les rosiers, les œillets et les chrysanthèmes ; les tonnelles de chèvrefeuille et de clématite laissaient traîner à terre leurs tiges enchevêtrées.

Mme Gerhardt, aidée d'un vieux serviteur, faisait ses préparatifs de départ.

Elle avait réuni dans un hangar resté debout les

meubles et les effets que l'incendie avait épargnés ; car la moitié de la ferme seulement avait été détruite.

Quel changement dans ce visage autrefois ouvert et bienveillant !

L'œil est sombre, farouche. Il semble par instant qu'il ait conservé une expression d'épouvante.

Une ride profonde, tourmentée, traverse le front jadis pur et placide.

De chaque côté de la bouche descend une ligne pleine d'amertume et de souffrance.

Toutefois, la vaillante femme n'a pas été courbée par la douleur.

Il semble, au contraire, que sa taille plus droite en soit comme raidie ; et son cou conserve l'attitude noble et résolue qui révèle tout le caractère de cette patriote intrépide.

C'est le soir. Le ciel est gris. La pluie tombe incessamment. Le vent souffle par rafales.

Cependant on vient de frapper à la porte.

Qui donc peut s'aventurer si tard jusqu'à la ferme désolée.

« Ouvrez, Joseph, dit Mme Gerhardt. »

Joseph ouvrit.

Un jeune homme blond parut sur le seuil.

« Madame Gerhardt ! » s'écria-t-il.

Et il s'avança, les bras tendus pour l'embrasser.

Mais Mme Gerhardt, d'un geste impérieux, d'un regard superbe, le cloua à sa place.

« Que venez-vous faire ici ? demanda-t-elle.

— Je viens réclamer votre promesse.

— Quelle promesse ?

— Ne reconnaissez-vous pas Karl Forlich ?

— Je sais votre nom ; mais je ne vous reconnais pas. Vous êtes Allemand ; et jamais, entendez-vous, je ne toucherai plus la main d'un Allemand.

— Mais Christiane me reconnaîtra ; Christiane m'aime encore, j'en suis sûr. Christiane ! Où est Christiane ?

— Vous voulez la voir ?

— Oh ! tout de suite ! Je n'ai cessé de l'aimer, moi, de penser à elle, quoiqu'elle n'ait pas répondu à mes lettres. Tenez, sur mon cœur, son cher portrait et ces *vergiss mein nicht* qu'elle m'a donnés le jour de mon départ.

— C'est bien ! Vous allez la voir, venez. »

Elle ouvrit une petite porte au fond du hangar.

Et dans un réduit obscur, Karl Forlich aperçut trois longs coffres de métal. Sur l'un d'eux était posée une couronne de roses blanches fanées. Devant ces trois cercueils, une lampe brûlait.

« Mais Christiane ! je ne vois point Christiane, s'écria le jeune homme, la voix étranglée par la peur.

— Elle est là, dit Mme Gerhardt, en lui désignant le cercueil surmonté d'une couronne. Elle vous aimait ; mais elle vous a préféré son pays. Elle en est morte. Et moi, j'aime mieux la voir couchée dans ce cercueil que mariée à un Allemand ? Comprenez-vous, Karl Forlich ? »

12.

Karl s'agenouilla en sanglotant devant le cercueil de sa fiancée.

« Mes quatre enfants sont morts, reprit-elle d'une voix sourde et tremblante, ce sont les Allemands qui les ont tués. Mais ce n'était pas assez de m'enlever mes enfants, ils m'ont volé ma patrie, la terre où reposent les aïeux, où je suis née, où j'ai vécu, où j'espérais mourir. Non-seulement je n'ai pas voulu que Christiane épousât un Allemand, mais je ne veux même pas que ses cendres reposent dans la terre prussienne. Ce second cercueil contient les restes de mon pauvre Frantz ; cet autre, les ossements de mon mari. J'emporte ces reliques sacrées (1).

Quant à mes deux autres fils, dont les corps n'ont pu m'être rendus, que leur sang rejaillisse sur ceux qui l'ont fait couler, que de leurs mânes restés dans la patrie alsacienne il surgisse un vengeur.

Karl s'était relevé. En écoutant Mme Gerhardt, il semblait profondément troublé.

« Vous avez raison, dit-il, de haïr la Prusse. Je la hais comme vous. Je hais ses exactions, ses envahissements, ses crimes. Ne sommes-nous pas aussi, nous, Wurtembergeois, un peuple sacrifié ? Tous les Allemands, madame, ne sont pas Prussiens. Il est en Allemagne un parti nombreux prêt à secouer le joug détesté de la

---

(1) Ce fait n'est pas unique. Dans plusieurs localités, les émigrants ont exhumé leurs morts pour les emporter.

Prusse. Et quand arrivera le jour de la justice, jour terrible, quand l'Alsace se soulèvera, je serai, moi aussi, parmi les vengeurs que vous évoquez. Je le jure sur les cendres de notre Christiane. Et maintenant, me permettez-vous de vous appeler ma mère ?

En entendant Karl parler ainsi, Mme Gerardt sentit un instant s'amollir sa haine. Ses traits se détendirent ; des larmes coulèrent de ses yeux attendris.

Ces larmes, c'étaient les premières qu'elle versait depuis la mort de ses enfants, depuis les malheurs de la patrie.

Karl crut l'avoir vaincue. Il lui tendit de nouveau la main.

Mais elle ne la prit point.

« De grâce, supplia-t-il, pour que ma douleur soit moins amère, pour que le souvenir de ma Christiane me laisse moins de regrets.

— Le jour où l'Alsace sera rendue à la France, répondit la noble patriote, ce jour-là seulement je pourrai vous serrer la main ; ce jour-là seulement, les Français pourront se réconcilier avec les Allemands. »

M.-L. Gagneur.

9, RUE DE PROVENCE

Paris est plein de portraits, de gravures et de bustes allégoriques de l'Alsace. On nous montre de belles personnes tristes, graves et fières, mais fort élégantes, tirées à quatre épingles, et portant coquettement le costume national de l'Alsace, avec de jolies croix d'or attachées autour du cou et de grandes coques de rubans sur la tête. Si j'étais sculpteur ou peintre, ce n'est pas ainsi que je voudrais représenter l'Alsace. Je la voudrais montrer telle qu'elle m'est apparue tout à l'heure sur le seuil de cette maison de la rue de Provence.

Vêtue d'une méchante robe de toile, la tête nue, portant sur le visage l'air doux et résigné de la vraie misère, une pauvre femme était assise là, sur une marche de pierre humide et boueuse. Sur les genoux de cette femme, un tout petit enfant, pâle et chétif, emmaillotté dans de vieux linges, dormait et de temps en temps était secoué par des quintes d'une toux sèche et dure. Un petit garçon de cinq ans et une petite fille de trois ans étaient également assis sur cette marche, à droite et à gauche de leur mère. Ils se tenaient là silencieux, immobiles, avec des regards étonnés et craintifs. Chassée de son village par la guerre et par la conquête, cette pauvre femme, une Alsacienne, venait chercher un secours de vingt francs, et c'était pour la plus grande gloire de l'empereur d'Allemagne que ces pauvres enfants grelottaient dans l'allée de cette maison de la rue de Provence.

Je monte les trois étages d'un escalier dont les marches déjà sont usées par les pas de ces milliers de malheureux qui, depuis quelques mois, n'ont plus que cette maison pour asile et pour patrie. Dans une étroite antichambre, une centaine de personnes sont entassées : des vieillards, des femmes, des enfants, beaucoup d'enfants. J'ai peine à traverser les rangs serrés de ces pauvres gens qui, en attendant leur tour, causent entre eux à voix basse : « D'où êtes-vous ? — De Bischwiller ; et vous ? — Moi, de Mommenheim. — Ah ! c'est tout près de chez nous. — De chez nous ! Il ne faut plus dire de ça : de chez nous... »

Après avoir traversé cette antichambre, on entre dans les bureaux : des casiers, des tables de chênes, de grands registres de maroquin vert. C'est là que toutes ces misères sont étiquetées et classées par ordre alphabétique ; c'est là que sont inventoriées et cataloguées toutes ces ruines et toutes ces douleurs... Une jeune femme qui tenait un enfant par la main s'approche pour être interrogée... elle devient le n° 3,227... Je vois un des secrétaires qui, de sa plus belle main, en marge du registre, écrit ces quatre chiffres : 3,227... Puis il questionne la femme. Son âge? Elle a vingt-cinq ans... Si elle est mariée?... Elle est veuve... Combien d'enfants?... Elle en a trois... Si elle a quelques ressources?... Rien, rien, absolument rien... Ce qu'elle demande?... Elle ne sait que dire... Elle voudrait vivre et faire vivre ses enfants... Une petite place, ce qu'on voudra, et, en attendant la place, un peu d'argent.

Après avoir fait ces tristes réponses, d'une voix égale et douce, cette jeune femme allait se retirer. Je l'arrête au passage et je lui dis :

« Vous habitiez l'Alsace?

— Oui, monsieur.

— Depuis longtemps?

— J'y suis née.

— Et pourquoi n'êtes-vous pas restée?

— Oh! j'étais obligée de partir, à cause d'une circonstance. Mon mari a été tué par les Prussiens pendant la guerre. Sans cela je serais peut-être restée, parce que l'habitude et l'attachement qu'on a pour le pays... Mais vous devez comprendre, je ne pouvais pas, moi, je ne pouvais pas! »

Et après avoir ainsi parlé, toujours de la même voi

paisible, elle dit à son petit garçon : « Allons, viens, viens, » me fait un salut de la tête et sort.

La procession de ces misères continuait cependant. Au n° 3,227 succédait le n° 3,228, —un vieillard; — le n° 3,229, — un enfant de quinze ans, et le n° 3,230, et ainsi de suite... Voilà bientôt trois mois que, de dix heures du matin à quatre heures du soir, autour de ces tables, se prolonge ce navrant défilé, et qui sait quand il finira? Toujours les mêmes questions et toujours les mêmes réponses : la misère ! la misère ! la misère !

Mais voilà que tout à coup une figure joyeuse se montre au milieu de toutes ces têtes désolées. C'est une femme d'une quarantaine d'années qui entre brusquement, presque violemment, dans le bureau, se faisant jour des mains, des coudes et bousculant tout le monde sur son passage. Elle arrive en criant : « Venez, venez, les enfants, venez; » va droit à un des secrétaires et lui dit :

« C'est moi, monsieur, vous me reconnaissez, n'est-ce pas ? J'ai les enfants ! Je les ai tous les trois ! Comme je suis contente ! Les voilà ! Regardez-les ! Approchez donc... N'ayez pas peur. Ils sont un peu maigres, un peu pâles, mais ils se portent bien tout de même et les voilà redevenus Français ! »

En disant cela, toute ravie, toute fière, elle montrait les trois enfants, trois petits garçons de huit à douze ans, qui, rougeauds, confus, embarrassés, roulaient entre leurs mains de méchantes petites casquettes. Tous les pauvres gens qui se trouvaient là ouvraient de grands yeux et regardaient avec un peu d'étonnement cette femme qui, dans un pareil lieu, trouvait moyen de parler de bonheur et de joie.

Voici ce qu'elle avait fait cette femme et ce qu'elle m'a raconté comme la chose la plus naturelle et la plus ordinaire du monde, sans paraître aucunement se douter de la rare grandeur de sa conduite.

« C'est toute une histoire, monsieur, me dit-elle, et ça va peut-être vous ennuyer, parce que c'est un peu long. Mon mari est mécanicien dans un grand atelier à Saint-Ouen. Il avait autrefois un grand ami, un vieux camarade. Ils faisaient tous les deux le même métier : mécanicien. Ils s'étaient connus au régiment. Ils avaient été ensemble en Italie, sergents tous les deux. Ils avaient quitté le service en même temps. Ils étaient entrés dans le même atelier et ils s'étaient mariés la même année, mon mari avec moi naturellement, et l'autre avec une demoiselle qui était de Metz. Pauvre garçon ! il est mort au bout de six ans de mariage, laissant trois enfants, les trois petits que vous voyez là. La veuve est retournée à Metz, dans son pays, mais elle avait eu trop de peine, et, l'année d'après, elle est allée retrouver son mari. Ça faisait trois orphelins de père et de mère.

« On leur donne pour tuteur un parent de la mère, et on les place dans un orphelinat à Metz. La guerre arrive, et le siége de Metz, et le siége de Paris, et tout ce que vous savez. Dès qu'on a pu écrire, nous avons écrit. Les enfants allaient bien. Quant au tuteur, on ne savait pas ce qu'il était devenu, on croyait qu'il était parti pour l'Amérique. Nous étions cependant bien tourmentés, mon mari et moi, de penser que ces enfants étaient dans un orphelinat prussien. Le père, avant de mourir, nous avait dit à mon mari et à moi : « Mes enfants ! mes pauvres enfants ! » Nous ne pouvions pas oublier ça. C'était comme un testament. Nous parlions de notre inquiétude à tout le monde, et presque tout le monde nous répondait : « Qu'est-ce que vous voulez y faire ? Ils ne vous sont rien, ces enfants. Un ami n'est pas un parent. Êtes-vous assez riches pour prendre trois enfants à votre charge ? Non, n'est-ce pas ? Eh bien alors, il faut les laisser dans l'orphelinat prussien. » Cependant le jour approchait où tout ce qui ne quitterait pas l'Alsace et la Lorraine allait devenir prussien. Mon mari était de plus en plus tourmenté, et il me dit un matin : « Je vais aller là-bas à Metz. Ces enfants-là doivent rester Français. » Mais de l'argent, nous n'en avions pas. Alors mon mari a eu l'idée de venir ici et on lui a donné l'argent dont il avait besoin pour le voyage. Quand mon mari est arrivé à Metz et quand les Allemands ont vu qu'il venait réclamer les enfants, ils lui ont cherché un tas de chicanes et de difficultés... Mon mari a été obligé de revenir à Paris. Il a rassemblé des papiers, des actes de naissance, des déclarations comme quoi ces enfants étaient Français, nés à Paris. Et muni de tout cela, il est retourné à Metz. Mais les enfants n'y étaient plus. Les Prussiens les avaient conduits dans un autre orphelinat de Metz. Ils voulaient les retenir et en faire trois Allemands de plus... Ils espéraient que mon mari se découragerait de les réclamer ; mais il ne s'est pas découragé et, après deux grands mois de peines et de démarches, il a fini par retrouver les enfants et par obliger les Prussiens à les lui rendre, et les voilà tous les trois, et nous les avons, et nous les garderons ! »

Et comme, après que cette femme eut cessé de parler, je lui disais :

« Est-ce que vous avez des enfants, vous ?

— Si nous avons des enfants ! Je crois bien que nous en avons. Nous en avons trois... Eh bien, qu'est-ce que vous voulez ? Trois et trois, ça fera six, voilà tout ! »

En écoutant cette réponse, je me rappelais une phrase de ce moraliste délicat et profond qui se cache sous le pseudonyme de Stahl :

Les riches ne partagent pas, les meilleurs se contentent de donner. Il n'y a que les pauvres qui partagent.

Oui, les riches donnent, mais ils ne donnent pas autant qu'ils devraient donner. C'est au deuxième étage que l'on reçoit les souscriptions et c'est au troisième que l'on distribue les secours. Eh bien, il y a plus de monde, beaucoup plus de monde au troisième étage qu'au deuxième. Cela ne devrait pas être. Jamais le devoir de la charité n'a parlé aux âmes françaises d'une façon plus touchante et plus impérieuse. Donnez, donnez, vous tous qui n'avez pas donné; et vous qui avez déjà donné, donnez, donnez encore!

Et voilà pourquoi, en tête de ces quelques lignes, j'ai écrit cette adresse : 9, *rue de Provence.*

Ludovic Halévy.

LA BONNE LORRAINE

Livrée aux léopards anglais par Ysabeau,
Notre France allait être un cadavre au tombeau.
Elle n'avait plus rien de sa fierté divine,
Et Suffolk et Talbot lui broyaient la poitrine;
Plus de vaillance, plus d'espoir, c'était la fin.
Affolés par la peur affreuse et par la faim,
Les paysans quittaient par troupes leurs villages.
Ils s'enfuyaient et, las de subir les pillages,
Ils allaient vivre au fond des bois, avec les loups.
Le roi de Bourges, cœur inquiet et jaloux,
Sans toucher son épée où s'amassait la rouille,
Docile, abandonnait sa vie à la Trémouille ;
Orléans semblait pris déjà plus qu'à moitié,
Lorsque Dieu vit la France et la prit en pitié

C'est alors qu'il choisit, pour sauver cette reine,
Un champion, qui fut la robuste Lorraine,
La Lorraine où jamais le travail ni les ans
N'abattent la vertu mâle des paysans.
Dieu nous plaignant, voulut qu'elle prît la figure
D'une vierge donnant au ciel son âme pure,
Comme une hostie offerte à Jésus triomphant,
Et qu'elle tînt la hache avec un bras d'enfant,
Forte de son amour et de son ignorance,
Pour chasser l'étranger qui dévorait la France
Comme un troupeau de bœufs mange l'herbe d'un parc,
Et la Lorraine alors se nomma Jeanne d'Arc !

O toi, pays de Loire, où le fleuve étincelle !
Tu la vis accourir, cette rude Pucelle
Qui, portant sa bannière avec le lis dessus,
Combattait dans la plaine au nom du roi Jésus !
Faucheuse, elle venait faucher la moisson mûre,
Et le joyeux soleil dorait sa blanche armure.
Elle pleurait d'offrir des festins aux vautours,
Et montait la première aux échelles des tours.
Partout sûre en son cœur de vaincre, Orléans, Troyes,
Malgré le Bourguignon vorace, étaient ses proies.
Lorsqu'elle pénétrait dans ces séjours de rois,
On entendait sonner dans le vent les beffrois
Avec de grands cris d'or pleins d'une joie étrange,
Et le peuple ravi la suivait, comme un ange.

Puis elle retournait, héros insoucieux,
A la bataille, et saint Michel au haut des cieux,
Flamboyant, secouait devant elle son glaive.

Le roi Charles conduit par elle comme en rêve,
Et sacré sous l'azur dans l'église de Rheims;
Tant de succès hardis, tant d'exploits souverains,
Tant de force, Dunois, Xaintrailles et Lahire
Suivant, joyeux, ce chef de guerre au doux sourire;
Le grand pays qui met des lis dans son blason
Ressuscité des morts malgré la trahison,
Tout cela, tant l'Histoire est un muet terrible!
Devait finir un jour à ce bûcher horrible
Où la Pucelle meurt dans un rouge brasier;
Et le songeur ne sait s'il doit s'extasier
Davantage devant l'adorable martyre,
Ou devant la guerrière enfant qu'un peuple admire,
Le rendant à l'honneur après ses lâchetés,
Et dont le sang d'agneau nous a tous rachetés!

O sainte, ô Jeanne d'Arc, toi la bonne Lorraine !
Tu ne fus pas pour nous avare de ta peine.
Devant notre pays aveugle et châtié,
Pastoure, tu frémis d'une grande pitié.
Sans regret tu pendis au clou ta cotte rouge,
Et toi qui frissonnais pour une herbe qui bouge,

Tu mis sur tes cheveux le dur bonnet de fer,
Pour déloger Bedford envoyé par l'enfer,
Tu partis à la voix de sainte Catherine !
Et porter un habit d'acier sur ta poitrine,
Et t'offrir, brebis sainte, au couteau du boucher,
Et chevaucher pendant les longs jours, et coucher
Sur le sol nu pendant l'hiver, comme un gendarme,
Tu faisais tout cela sans verser une larme,
Jusqu'à ce que ta France eût vengé son affront,
Et, comme un lion fier, secoué sur son front
Sa chevelure, et par tes soins, bonne pastoure,
Eût retrouvé son los antique et sa bravoure !

Mais, oh ! pourquoi dans tous les temps, blessée au flanc,
Laisse-t-elle aux buissons des taches de son sang ?
Jeanne, à présent c'est toi, c'est la Lorraine même
Que tient dans ses deux poings l'étranger qui blasphème,
Et qui brave ta haine aux farouches éclairs.
C'est lui, le dur Teuton d'Allemagne aux yeux clairs,
Qui fauche tes épis rangés en longue ligne
Dans la plaine, et c'est lui qui vendange ta vigne.
Tes fleuves désormais ont des noms étrangers,
Un bracelet hideux pèse à tes pieds légers,
O guerrière intrépide et que la gloire allaite !
Une chaîne de fer serre ton bras d'athlète,
Et la morne douleur est au pays lorrain.

Mais laisse venir Dieu, le juge souverain
Que servit ton génie, et qui voit ta souffrance.
Ne désespère pas, regarde vers la France !
Tu rallumas ses yeux éteints, comme un flambeau ;
C'est toi qui la repris toute froide au tombeau
Et qui lui redonnas ton souffle ; elle te nomme
Depuis ces jours anciens Libératrice, et comme
Alors tu te donnas pour elle sans faillir,
Elle n'entendra pas non plus sans tressaillir
Jusqu'en sa moelle, et sans que la pitié la prenne,
Le long sanglot qui vient des marches de Lorraine !

Théodore de Banville.

ANDRIEUX

STRASBOURG 1759. — PARIS 1833

Le vendredi 20 décembre 1782, tandis que l'Académie royale de musique représentait *Iphigénie en Aulide* avec *le Devin du village;* le Théâtre-Français *Iphigénie en Tauride* et *les Folies amoureuses* pour le début d'un *nouvel acteur;* les grands danseurs, *Arlequin protégé par Vulcain*, et le reste; tandis que l'Ambigu-Comique faisait relâche pour le *Prince noir et blanc;* que les Variétés-Amusantes de la foire Saint-Germain annonçaient le *Maître de déclamation, Æsope à la foire* et *le Nouveau Parvenu* (spectacle demandé), — les Italiens (qui depuis trois ans n'étaient plus que des Français) donnaient l'*Indigent* de Mercier, suivi d'une première représentation : *Anaximandre*, comédie en un acte, en vers de dix syllabes.

Le titre disait d'avance le sujet, ou du moins ne le dissimulait pas. C'était le titre d'une romance de François de Neufchâteau qui n'était pas tout à fait nouvelle; mais les romances comptaient alors comme des poésies légères et vivaient ce que vivent les poésies. Celle-ci n'était donc pas encore oubliée et son refrain restait proverbe :

> L'esprit et le talent font bien ;
> Mais, sans les Grâces, ce n'est rien.

Faut-il croire que la leçon était utile ? y avait-il en effet parmi les génies du moment, parmi les savants et les philosophes, une certaine tendance à la misanthropie, au dédain des élégances mondaines ? Depuis que le mot « penser » avait pris un sens supérieur et solennel, était-il devenu à propos de rappeler à l'homme qui *pense* qu'il ne lui messied pas non plus d'être de bonne compagnie ? Sur la pente où se précipitait l'ancienne société, on peut le croire aisément. Toujours est-il que, dans la romance, Anaximandre (l'inventeur de la sphère, s'il vous plaît) était un sage illustre, très-écouté, très-applaudi, très-grand penseur, mais un penseur de la secte inculte et bourrue.

Ce n'est pas tout d'être écouté, ce n'est pas tout d'être applaudi ; Anaximandre aurait voulu être aimé. De ce côté-là, son génie ne lui servait à rien. « Sacrifiez aux Grâces, » lui dit Platon. Anaximandre le crut.

Quand il entra dans le temple des Grâces, dans leur chapelle, — c'est le mot de la romance, — les filles de Vénus sourirent en le voyant. Elles le douèrent et le redouèrent, à la façon des bonnes fées. Quand il revint d'auprès d'elles, la métamorphose était complète, Anaximandre n'avait plus à craindre que d'être trop chéri par les dames d'Athènes :

> L'esprit et le talent font bien ;
> Mais, sans les Grâces, ce n'est rien.

La comédie nouvelle suivait la romance pas à pas. Et pourquoi non ? En ce temps-là, le domaine des idées était un terrain sans clôture. Tous les esprits y étaient partout chez eux. Chacun, pour y prendre son bien, n'avait besoin que de l'y trouver, et le semeur ayant trouvé le grain lui-même, ne s'étonnait pas d'avoir semé pour autrui. Autrui c'était donc l'auteur du petit acte en vers de dix syllabes. A l'anecdote rimée par François de Neufchâteau il avait ajouté, bien entendu, ce que demande une comédie, un rôle et même deux rôles de femmes. Pour déconcerter la philosophie d'Anaximandre, il en avait fait un tuteur, entre deux jeunes pupilles, l'une malicieuse, l'autre ingénue, — amoureux de l'ingénue et confus de l'aimer en secret, non moins confus d'être deviné par la malicieuse. Le souvenir du *Démocrite* de Regnard, rappel adouci de la légende d'Aristote où le précepteur d'Alexandre se laissa seller et brider par une enchanteresse, on voit tout de suite ce que cela fournit : la jolie moqueuse donnant au misanthrope des leçons de maintien et l'amenant par surprise, avec un temps de menuet, aux pieds de l'enfant qu'il aime. Ce n'est pas cette surprise-là qui rendra Anaximandre moins morose et moins farouche ; mais, à défaut de Platon, qui ne paraît pas dans la pièce, l'oracle a prononcé : « Si Anaximandre veut plaire, il faut qu'Anaximandre sacrifie aux Grâces. » Le temple est là ; le philosophe hésite à y monter ; des mains amies l'entraînent doucement. Trois belles prêtresses l'y introduisent. Quand il en sort, la métamorphose est complète. A le voir presque trop bien paré, les yeux d'où il attend son bonheur ne le reconnaissent plus. Faut-il le dire ? ici la pièce risque un moment de faire fausse voie ; car des deux Anaximandres, au premier abord ce n'est pas le nouveau qu'on préfère ; mais après tout, comme les deux ne font qu'un, l'oracle ne saurait avoir tort, Anaximandre rajeuni ne sera que plus aimé en plaisant davantage.

La pièce était fort bien jouée. Granger représentait Anaximandre, Granger, un comédien de premier ordre, dont la place eût été au Théâtre-Français, si quelque jalousie ne lui en avait fermé la porte. Les rôles des deux pupilles étaient tenus à souhait par Mlle Dufayel et Mme Raymond, celle-ci vive et pétillante de malice, l'autre aimable et naïve, groupe charmant, encadré dans un joli décor et relevé par le costume grec dont Vien et son école remettaient en honneur, autant qu'ils le pouvaient, la simplicité élégante.

Tout ce frais tableau produisit le meilleur effet. Le *Journal de Paris* constata le succès de la représentation avec la candeur des anciennes gazettes, quand elles étaient incolores :

« La pièce a *paru* faire plaisir au public, qui l'a beaucoup applaudie, et qui a *cru* y voir un talent digne d'être encouragé. Il y a *apparence* qu'une romance de François de Neufchâteau a fourni à l'auteur le sujet de cette petite comédie, qui est écrite avec une gracieuse facilité. Il a été vivement demandé, et le sieur Raymond » (le mari de la jolie Phrosine; peut-être jouait-il *Mélidore*) « est venu annoncer que l'auteur était absent. On a demandé son nom : C'est M. Andrieux, jeune homme de vingt-deux ans. »

Quel était donc ce jeune homme de vingt-deux ans que le succès prévenait tout de suite d'un engageant accueil? ce poëte aimé des Muses souriantes, et qui s'était aussi éveillé dans son berceau avec une goutte de miel sur les lèvres? cet Athénien de Paris qui renvoyait à l'école de Platon la sagesse bizarre et refrognée?

Ce jeune homme était un clerc de procureur; ce poëte au doux parler avait passé à préparer sa thèse de docteur en droit l'année où se jouait *Anaximandre*. Cet Athénien de Paris était un enfant de Strasbourg.

Si la cité se reconnaît à ses fils, comme l'arbre se reconnaît à ses fruits, la cité-mère d'où nous est venu l'esprit si aisé, le badinage si fin et si français d'Andrieux, était bien véritablement terre française.

O Strasbourg ! Strasbourg ! je ne t'ai vu qu'une fois, et je ne te verrai plus. J'ai été ton hôte d'un moment, d'un jour, d'un seul jour trop vite écoulé, et c'est mon regret de ne t'avoir pas donné plus d'un jour. Je traversais en courant tes larges places, tes marchés animés et vivants, tes belles rues neuves déjà familières avec tes bonnes vieilles rues, et toutes ensemble faisant amitié à l'ombre de ton admirable cathédrale. Je saluais ton industrieuse population d'honnêtes gens, ton élite de soldats forts et doux, tes statues bonnes conseillères, Gutenberg glorifiant le livre et Kléber glorifiant l'épée, l'un et l'autre debout à la frontière, celui-ci pour la défendre, celui-là pour la faire franchir à la pensée écrite. Et je retrouvais partout en toi ce double caractère, ce contraste ou plutôt cet accord harmonieux de la cité guerrière et de la cité pacifique, — la fonderie des canons et les merveilles de la bibliothèque, — tes remparts, volcans endormis et gazonnés, et tes élégants balcons de vitrages, — tes lourdes pièces d'artillerie couchées sur le sol, et tes cigognes confiantes sur les cheminées hospitalières. Je te jetais mon cœur en courant, trouvant si simple alors de venir le reprendre un jour et de me mêler plus intimement à ta vie.

Qui m'aurait dit en ce moment que tu allais être appelé à ceindre tes reins comme le champion de la France, à réveiller le feu de tes arsenaux, à porter tes canons de la rue aux remparts, à sillonner la terre et la nue de tes boulets, à élargir autour de toi une zone de mitraille; que tu étais condamné à sentir la ceinture se rapprocher et se resserrer d'heure en heure, à recevoir l'incendie à ton tour, à lutter contre le feu et la faim, à entendre le cri d'épouvante de tes petits enfants et à désespérer de toi-même devant le désespoir de leurs mères?

Qui m'aurait dit, ô ville martyre, que Paris serait enveloppé comme toi, presque à la même heure, que la voix du canon ne s'y tairait ni le jour ni la nuit, et que dans le cercle de feu où nous étions voués d'avance à toutes les disettes, pour nous hausser le cœur et nous apprendre à être dignes de toi, nous ferions de ton image une image sacrée ?

Qui m'aurait dit que, pour te revoir, je n'aurais plus que cette image, et que, voulant aller à toi, je n'irais plus qu'à elle ; que nous serions là une foule immense et rangée par le respect, que nous viendrions pas à pas en longue file, que nous monterions, tête nue, les degrés au haut desquels était ouvert ton livre d'honneur, et que, sur ce livre où Paris assiégé s'écrivait pieusement chez la ville-sœur, je signerais pour la Comédie française devenue ambulance?

Qui m'aurait dit, enfin, que toutes nos espérances seraient confondues ? que ta statue se pavoisait en vain de rubans et de drapeaux, que nous la couvrions inutilement de laurier, de festons, de guirlandes amoncelées; qu'il faudrait enrouler le crêpe autour des couronnes funéraires, que ce qui avait été un autel prendrait le deuil comme une tombe, que cette tombe même serait profanée par l'approche du vainqueur, et que, pour épargner à ta statue le nouvel affront de son regard, il faudrait, comme à ses sœurs de pierre, lui mettre au visage ce voile noir qui vous donnait à toutes l'aspect mystérieux et inquiétant de l'obscure destinée ?

Oh ! si je l'avais su, je me serais attaché à te voir, à te posséder par les yeux, à emporter de toi un souvenir tel que le gardent ceux qui te pleurent et se sont arrachés de toi pour pouvoir t'aimer toujours ; mais, à défaut de ce souvenir, il me reste une impression qui ne s'effacera pas.

C'était en approchant du pont de Kehl, au bout de la grande avenue. De beaux arbres, une fraîche matinée des premiers jours de juin, par un temps capricieux, le feuillage transparent, la campagne d'un vert timide et doux à l'œil, tout le bon accueil du printemps et rien pour rappeler les faubourgs d'une ville militaire. Quelques pas encore, à droite et à gauche, presque au niveau du sol, le Rhin, calme et lent, se montre derrière les cultures. En face, un double pont, le pont de bateaux, mobile trait d'union entre les deux rives, accosté du chemin de fer badois, qui prend déjà un air de prison suspendue, et, à l'endroit où la sombre cage de fonte touche la terre, se dresse, le pied dans l'eau, une forteresse théâtrale, peinte en noir, menaçante et crénelée. C'est l'avant-poste de l'Allemagne.

Et celui de la France ? — Il est (il était !) par là,

quelque part, à distance du fleuve et caché au milieu des arbres.

Si le premier mouvement que j'avais ressenti avait été un mouvement de susceptibilité nationale, le second, je l'avoue, fut un secret sentiment de satisfaction et d'orgueil patriotique. J'avais devant moi les deux nations, sur les bords du fleuve qui les unissait en les séparant, et toutes les deux se révélaient dans leur attitude : l'Allemagne aggressive et féodale, la France libre et hospitalière ; — l'Allemagne jalouse et fermée, même sur le chemin de Bade, la France accueillante et ouverte, même sur la route de Paris ; — l'Allemagne prête, la France dédaignant de l'être, hélas ! — l'Allemagne haineuse, la France amie.

C'est pour cela que Strasbourg a cessé d'être allemand, et qu'Andrieux y est né Français, avec trois dons du sol reçus à sa naissance : le don du goût, le don de l'esprit, le don de l'amitié.

J'en oubliais un, qui a rehaussé le prix de tous les autres, le don du caractère.

Chez Andrieux, sous l'homme de lettres, il y a un homme. L'homme commence. Il prend tout de suite la vie au sérieux et se prépare aux fonctions publiques. D'autres comme lui sont entrés dans une étude de procureur, qui se sont hâtés d'en sortir dès le premier moment où ils ont tourné un heureux couplet. Andrieux composa son *Anaximandre* sans autre dessein que d'occuper élégamment ses loisirs. Il mit deux ans à quitter, à reprendre ce travail ou plutôt cette distraction ornée de ses instants perdus, et quand la pièce fut jouée, le succès n'arriva pas même à le séduire. Le démon du théâtre ne le détourna pas de son but, qui était de se présenter à l'examen du doctorat pour conquérir une chaire de jurisprudence. Virile ambition ! Mais on ne court pas, on marche lentement dans de telles carrières. Jusque-là, le jeune Andrieux n'avait pas eu à presser le pas; il avait son père derrière lui et n'était que l'aîné de ses frères. La mort prématurée de son père l'investit en quelque sorte de la paternité. Il ne fallait pas seulement vivre, il fallait soutenir une famille. Le président Lamoignon, qui connaissait la situation d'Andrieux, lui procura une place de secrétaire chez le duc d'Uzès. Andrieux accepta, mais sans renoncer à se faire dans le barreau une position moins précaire et moins subordonnée. Trois ans plus tard, il prenait rang parmi les avocats stagiaires. Il plaidait malgré l'insuffisance de son organe; il gagnait même sa première cause contre un avocat distingué, Me Picard, le père du Picard de la *Petite Ville*, avec lequel il se lia dès ce moment d'une vive affection. Or, voici par quels degrés s'éleva dans la vie politique celui qui devait effacer le souvenir de ses dignités par le charme de ses causeries sur les lettres et s'appeler dans l'avenir l'auteur des *Étourdis* :

1786, avocat consultant dans l'affaire du Collier, rédacteur et signataire du Mémoire pour l'abbé Mulot, chanoine et bibliothécaire de Saint-Victor.

1789, chef de bureau à la liquidation générale.

1796, élu membre du tribunal de cassation.

1798, élu membre du conseil des Cinq-Cents.

1800, nommé membre du Tribunat, porté deux mois après à la présidence, et promptement éliminé avec Daunou, avec Ginguené, avec Benjamin Constant, dont le tort, comme le sien, était de tenir tête aux prétentions du conseil d'Etat.

« On ne s'appuie que sur ce qui résiste. » Que de fois le mot n'a-t-il pas été répété ! Il appartient à Andrieux, et c'est justice de le lui rendre. Un jour que le premier Consul se plaignait devant lui des résistances qu'il rencontrait dans le Tribunat : « Vous êtes de l'Institut, lui répondit le tribun, vous appartenez à la section de mécanique, et vous savez qu'on ne s'appuie que sur ce qui résiste. » La répartie fit fortune, mais Andrieux s'était condamné. Ce fut la fin de sa carrière politique. Du reste, Bonaparte ne se trompait pas sur sa valeur et lui rendait ce juste témoignage : « Il y a dans Andrieux autre chose que des comédies. » Le coup même dont il le frappa était la preuve de son estime.

Ce fut pourtant aux comédies que revint Andrieux, simplement et dignement, comme il faisait toute chose. Les fonctions publiques n'avaient pas remplacé pour lui cette vie calme et donnée à l'enseignement du droit qui était dans les vœux de sa jeunesse ; il leur fit ses adieux dans une phrase sans prétention, où chaque mot n'en a pas moins la discrète fierté du vrai :

« J'ai rempli des fonctions importantes, que je n'ai ni désirées, ni demandées, ni regrettées. »

« J'en suis sorti aussi pauvre que j'y étais entré, ajoute-t-il, n'ayant pas cru qu'il me fût permis d'en faire des moyens de fortune et d'avancement. Je me suis réfugié dans les lettres, heureux d'y retrouver un peu de liberté, de revenir tout entier aux études de mon enfance et de ma jeunesse, études que je n'ai jamais abandonnées, mais qui ont été l'ordinaire emploi de mes loisirs, qui m'ont procuré souvent du bonheur et m'ont aidé à passer les mauvais jours de la vie. »

Revenir aux lettres n'était pas tout pour Andrieux, dont la modestie faisait si bon marché de son talent et qui se piquait si peu de la vanité littéraire. Mais revenir aux lettres, c'était revenir à l'amitié. Il l'y retrouvait où il l'avait déjà bien connue et se rendait à elle sans partage. Les lettres (il faut bien répéter le mot, l'*art* et la *poésie* sont des mots de nos jours et représentent des idées trop nouvelles), les lettres sont une commune religion dans laquelle s'unissent étroitement les jeunes cœurs, et cela est vrai surtout pour les temps où se fait un mouvement des esprits, où se cherchent pour se grouper les intelligences de la même heure. *Anaximandre* appartenait déjà à un de ces mouvements. On y sentait ce que l'influence de Rousseau, ce que l'avénement du Dauphin à la couronne, ce que les premières années d'un règne sage et béni avaient ramené dans tous les arts, un goût meilleur de la vérité et de la nature.

Andrieux dédiait sa pièce à sa sœur : c'était presque un signe des temps. Le théâtre des honnêtes gens allait venir (il était déjà venu avec Sedaine), écrit pour les âmes honnêtes et par des âmes honnêtes. C'était par là que les auteurs vivaient entre eux dans un si doux commerce de confiance et d'amitié. On travaillait sans jalousie, comme on travaille à une œuvre commune. On se consultait, on se conseillait mutuellement. La collaboration, qui existait peu et qui avait à peine un nom, était tout simplement la confidence. Avant de présenter son *Anaximandre* au Théâtre italien, Andrieux l'avait lu à Forgeot, avocat comme lui, auteur comme lui et son devancier. La pièce comptait alors neuf cents vers, Forgeot eut le courage d'un ami; il la réduisit à six cents et en dégagea le succès par cette coupe sombre.

Entre *Anaximandre* et les *Étourdis* il n'y eut pas moins de cinq ans d'intervalle. Cinq ans, c'est beaucoup, sans doute ; ce n'était pas trop si l'on se rappelle le clerc de procureur, qui ne se permettait guère de prendre la clef des champs et pour qui le théâtre n'était que l'école buissonnière. Mais aussi, quelles jolies lectures faisait l'écolier derrière les buissons! C'était Molière! c'était Regnard! c'était le chevalier de Grammont! Il fallait bien se réfugier vers le dix-septième siècle pour échapper à la décadence du dix-huitième en fait de comédie. Rompre avec la suite de Saint-Foix, de Boissy et de Dorat, c'était l'originalité d'Andrieux, de Picard, de Collin d'Harleville. Par là, le succès de chacun se trouvait celui de tous et tous y mettaient la main. Il y avait un autre ami, c'était Guillard, dont il serait injuste d'oublier le nom, le Guillard de Gluck et de Salieri, l'auteur des *Horaces* et d'*Iphigénie en Tauride*, le maître, après Quinault, de la tragédie lyrique en France. Lorsque le dénouement des *Étourdis*, encore sur le métier, ne paraissait pas devoir soutenir le succès des deux premiers actes, lorsqu'on pouvait reprocher à l'oncle de pardonner trop tôt la lugubre mystification dont il avait été le sujet, ce fut Guillard qui trouva le moyen d'excuser la faute, tout en donnant raison à une morale plus sévère :

> A pallier ses torts, il ne faut pas songer,
> Un jeune homme peut bien être étourdi, léger :
> Aux travers de l'esprit aisément on fait grâce;
> Mais les défauts du cœur jamais on ne les passe.

Collin d'Harleville trouva mieux encore. Il trouva le trait de sentiment, le vers ému qui eut raison de toute critique, le cri de l'oncle cédant à la prière, cédant au repentir, cédant à sa bonté :

> Mais qu'on le voie au moins, s'il veut qu'on lui pardonne!

Quand Collin d'Harleville parlait des *Étourdis*, ce qu'il mettait au-dessus du reste de la pièce, c'était l'exposition. Elle était toute à Andrieux. Lorsqu'Andrieux parlait de sa comédie, ce qu'il en préférait, c'était le dénouement; il le devait à Collin d'Harleville.

Quelques années plus tard, le souvenir de ces heureux moments n'était qu'une amertume ajoutée à l'angoisse des jours de proscription. Andrieux quittait furtivement Paris, sentant sa tête menacée. Où allait-il ? Eh ! où serait-il allé, si ce n'était auprès de son ami ? Collin d'Harleville partagea avec lui sa petite maison de Mévoisins. La Beauce hospitalière leur prêta le calme de ses grandes plaines. Elle était alors si loin que le bruit de Paris ne venait pas jusque-là. Pendant six mois, Andrieux et Collin s'efforcèrent d'oublier ensemble. Ils attendirent. Ils songèrent plus d'une fois à la fable d'Horace, que tous les deux devaient traduire après La Fontaine. Le campagnard aurait toujours voulu garder le citadin dans son gîte; mais le citadin avait sa vie à se faire ailleurs. Quel que fût le danger, Andrieux revint à Paris, où Collin finit par le rejoindre. La mort les sépara en 1806. Ce fut Collin qu'elle toucha. Andrieux la trouva cruelle envers lui-même. Avant de laisser disparaître celui qu'il avait tant aimé, Andrieux voulut en conserver le peu qu'il pouvait en retenir. Il alla chercher Houdon et l'amena auprès du lit funèbre. Là, le grand statuaire moula la tête morte pour la reproduire en marbre sans doute; malheureusement il s'arrêta au projet et le moulage seul est resté. J'ajoute que ce moulage, à peine complété par derrière, a longtemps figuré parmi les bustes de la Comédie française.

Dernièrement encore, un sculpteur de talent, Oliva, s'en est servi comme d'un renseignement authentique pour saisir et fixer la ressemblance de Collin d'Harleville. Le buste fait par Oliva est fin et vivant; mais le Théâtre-Français se devra toujours de conserver le moulage d'Houdon, cette relique trois fois vénérable.

Les cœurs blessés se cherchent, et Dieu leur donne quelquefois de se réunir. Il y avait deux tendresses veuves, celle de Ducis portant le deuil de Thomas, celle d'Andrieux portant le deuil de Collin. Ces deux parts de deux belles amitiés se rapprochèrent en échangeant deux pièces de vers exquises : *l'Épître à mon ami Andrieux* de Ducis, le *Cécile et Térence* d'Andrieux. Il faut les lire pour savoir tout ce qu'étaient ces charmants esprits et ces généreux caractères, pour les admirer en les aimant, pour se pénétrer du respect des lettres, de ceux qui les ont cultivées si dignement et dont elles ont fait de telles âmes!

Ce qu'il faudrait encore, ou plutôt ce qu'il aurait fallu, c'eût été de les entendre lire par Andrieux lui-même, avec cette grâce, cette finesse d'esprit, cette délicatesse d'émotion dont le souvenir ne s'est pas encore perdu.

Que si l'on se demande où était le mieux placé cet homme de cœur, cet homme de goût, cet homme de talent, si bien placé partout, il semble que ce fut dans sa chaire de littérature française au Collége de France. C'est là peut-être qu'il a préféré d'être applaudi, c'est là qu'il a presque choisi de mourir. Avec la passion qu'il avait pour les lettres, il devait les aimer plus que lui-même et s'oublier en les admirant. Il s'appliqua dix-neuf ans à les faire admirer. Pendant dix-neuf ans, le succès de son cours ne se démentit pas. Ce fut toujours la même affluence, toujours le même charme exercé par le professeur sur ses élèves, toujours la même tendresse des élèves pour le professeur. Je me trompe, cette tendresse s'accroissait d'une santé qui allait s'affaiblissant, d'une voix qui ne pouvait plus se faire entendre, a dit excellemment M. Villemain, qu'à force de se faire écouter.

Se faire écouter! Était-ce donc aussi simple dans les dernières années de la Restauration, lorsque tout l'enseignement littéraire était ébranlé, lorsqu'une génération nouvelle arrivait à son heure, ardente, ambitieuse, capable de justifier son ambition, ayant foi en elle-même, et portant sur ses boucliers des chefs de génie?

Le plus grand éloge qu'on puisse faire d'Andrieux, c'est de dire que ce tumulte de la conquête littéraire s'arrêtait à la porte de son cours. Sa popularité resta tout entière, même au milieu d'une révolution accomplie. Il y a plus, le lendemain d'*Hernani*, entre *Hernani* et *Marion Delorme*, lorsque le drame moderne avait jeté son grand cri de victoire en mettant le pied sur le poëme tragique, Andrieux se présentait pour soutenir la lutte, et sur l'affiche du Théâtre-Français reparaissait avec son nom, ce mot que l'on croyait effacé, pour toujours : Tragédie.

Il est vrai qu'entre *Hernani* et la tragédie nouvelle, le gouvernement de la Restauration avait été emporté par une tempête de trois jours ; que cette tragédie, qui s'appelait *Junius Brutus*, triomphait elle aussi de la royauté déchue et qu'elle portait cette héroïque dédicace :

« Vittorio Alfieri a dédié sa tragédie de Brutus *al popolo italiano libero futuro,* au peuple italien qui deviendra libre.

« Je dédie la mienne au peuple français devenu libre. »

Les amis d'Andrieux n'en eurent pas moins peur de son courage. Mais après tout, le digne vieillard n'avait pas trop présumé de son œuvre. Il avait fait lui aussi acte d'indépendance littéraire, et devancé de trente-cinq ans les hardiesses du drame nouveau. Il pouvait dire au public de 1830 ce qu'il avait dit en 1795 au Comité de lecture de la Comédie française : « Ma tragédie n'est ni à *danser* ni à *chanter*; elle est à *parler* et à *marcher.* » Trente-cinq ans avaient passé sur la pièce sans la vieillir, et le public l'applaudit comme une œuvre qui n'était ni classique ni romantique, qui était forte et sincère.

Le premier acte de *Junius Brutus* est le premier acte le plus vivant que je connaisse, le plus dramatique, le plus simple et le plus imposant dans sa conception. Le rideau se lève, l'action commence. Deux hommes qui ont devancé le jour entrent précipitamment dans le Forum. L'un deux tient un poignard et entraîne l'autre éperdu de désespoir, qui le supplie de lui abandonner le fer pour s'en percer. Celui qui veut mourir, c'est Collatin ; celui qui tient le poignard, c'est Junius Brutus, et le poignard est la même arme qui vient de tuer Lucrèce.

Quelques mots s'échangent rapidement. A qui parle de mort, Junius Brutus parle de vengeance. Trois hommes qui passaient reconnaissent la voix de Junius. C'est le sénateur Ménénius, qui part pour les champs et va avec ses fils mettre la faucille au pied de la moisson. Brutus les interpelle et leur propose une plus grande tâche. — Qui est-il ? Que veut celui qui n'a pas pu sauver sa raison des malheurs de sa famille ? — Ce qu'il veut ? Annoncer à Rome des malheurs nouveaux. Ardée assiégée n'est pas encore prise et Lucrèce est morte.

Oui, morte, assassinée. Brutus commence le récit de l'horrible aventure ; mais Collatin ne veut pas laisser croire, en se taisant, qu'il rougit de son malheur. C'est à lui de raconter ce qu'ont vu ses yeux, ce que ses oreilles ont entendu, comment Lucrèce s'est arraché l'âme pour ne pas survivre à sa pureté morte. Junius raconte à son tour l'attentat de Sextus. L'insolente brutalité du fils de Tarquin a mis le comble à tous les excès de la tyrannie. Un crime pour sauver Rome ! Junius n'attendait plus qu'un crime et le voici. Rome ne sent-elle pas monter sa colère à la hauteur des injures qu'elle a endurées ?

Elle monte en effet la colère publique. Tandis que Ménénius et ses fils quittent la faucille pour aller prendre la lance et l'épée, le murmure lointain de l'insurrection se rapproche. Soulevée par Valerius, la foule se précipite au Forum et demande si le crime est avéré. Brutus montre le poignard teint de sang de Lucrèce. Prodige nouveau, Brutus n'est plus Brutus; la démence s'est changée en sagesse, et il semble que les dieux ont rendu Junius à son génie. Junius est digne d'être le chef d'un grand peuple. Son éloquence exalte et rassure, elle ne fait qu'une âme de toutes les âmes. Aux armes! c'est le cri universel. Tout à coup le silence succède à la fureur. Respect à la mort! Respect à la vertu! Respect à la victime de l'honneur qui s'est immolée elle-même. On apporte le corps inanimé de Lucrèce. Malgré la loi qui les exclut du Forum, les femmes demandent qu'il leur soit permis de pleurer sur une femme. Vitellie, l'épouse de Brutus, vient consoler l'ombre inquiète de celle qui fut son amie, et lui rendre témoignage qu'elle fut sans reproche :

> Non! tu n'as point failli;
> J'en atteste la mort dont l'ombre t'environne;
> Les mères des Romains t'offrent cette couronne.

Des femmes, des enfants jettent des fleurs avec des branches de cyprès, et Servilie, après avoir promis à

Lucrèce une gloire dont la durée égalera celle du Capitole, prononce sur elle les derniers adieux.

Tout cela a la grandeur de l'antique. Au tableau des femmes succède celui des jeunes gens, qui demandent à marcher contre Tarquin. Brutus leur fait jurer qu'ils mourront pour la patrie, et la scène arrive à la terreur des imprécations d'Œdipe contre les meurtriers de Laïus, lorsque le libérateur de Rome appelle la foudre sur les traîtres et prononce avec tout le peuple, s'il peut se rencontrer un coupable, le serment de le livrer au supplice :

> Fût-ce un père, une épouse ou notre propre fils !

On emporte vers le bûcher le corps de Lucrèce. La foule escorte la victime triomphale aux cris de vengeance et liberté. C'est là qu'est la vraie fin de l'acte, et l'émotion du beau n'y faiblirait pas un instant, si l'auteur n'avait cru devoir compléter son exposition, en y montrant d'avance le terrible dénouement dans son germe, l'amitié de Tiberius pour Arons, du fils de Brutus pour le fils de Tarquin.

Brutus condamnant ses fils à la mort n'est pas autant qu'on le croit un plein argument de tragédie. Il ne donne qu'un commencement et une fin (à qui les trouve), et Andrieux les a trouvés. Le milieu manque. La conspiration des fils de Brutus ne saurait faire d'eux que des misérables ou des dupes, également au-dessous de l'intérêt. Le vice du sujet, le voilà, personne n'y a échappé; mais au cinquième acte, Andrieux se relève avec la situation, et aucun autre ne l'a conduite avec plus de goût à deux effets plus sûrs :

Le premier, lorsque le dur Ménénius, lisant la liste des coupables s'arrête pourtant, épouvanté devant les derniers noms, et qu'aux cris du peuple :

> Quels sont donc les derniers ? Nomme-les ! Nomme ! Lis ! Parle !...

Brutus se lève et répond avec calme :

> Les deux derniers sont les noms de mes fils.

Le second, lorsque la douleur de Vitellie, le remords de deux fils abusés, les grands services du père ayant touché tous les cœurs, le peuple lui-même acquitte Titus et Tiberius, et qu'écartant du Forum leur mère désespérée, Brutus s'élève à la hauteur de la loi inflexible :

> Seul, je puis prononcer et prononce... la mort !

Tandis que les Romains poussent des cris d'admiration :

> Brutus est un héros ! — Il est un Dieu pour Rome !
> — Oui ! Brutus est un Dieu que le monde étonné !...

Brutus se couvre la tête de sa toge pour ne pas laisser surprendre ses larmes :

> Brutus est des mortels le plus infortuné.

Le rideau s'abaissant sur ce vers s'abaissa sur les bravos de la salle unanime. On demanda l'auteur, on voulait le voir et l'acclamer en face ; mais, à l'autre extrémité de sa carrière, l'auteur se déroba au succès de *Junius Brutus* comme il s'était dérobé à celui d'*Anaximandre*. On annonça qu'il n'était plus au théâtre. Par forme de compensation, Michelot, qui ne jouait pas dans la pièce, offrit de lire une pièce de vers patriotique. C'étaient de brutales invectives contre les soldats suisses. Dès les premiers mots, l'auditoire se leva. Il venait d'entendre de plus nobles pensées dans un plus noble langage. Ce succès-là valait l'autre.

A la seconde représentation, qui eut lieu PAR ORDRE, le roi Louis-Philippe vint voir *Junius Brutus* avec toute sa famille, comme pour affirmer l'abolition de la censure théâtrale. En entrant dans la loge qui lui avait été préparée au milieu de la première galerie, la royauté nouvelle fut accueillie avec une sympathie respectueuse. Sa présence, comme c'est l'ordinaire pour les souverains, donna à la salle une sonorité particulière. L'accent de certains vers y grossit, tantôt flatteur, tantôt équivoque. Le roi donnait le signal aux applaudissements ;

mais peut-être les trouva-t-il trop prolongés sur ces deux vers de Brutus :

> C'en est donc fait, Romains, vous n'avez plus de maître,
> Rome est libre à l'instant, puisqu'elle a voulu l'être.

et il disparut quelque temps au milieu du spectacle. Du reste, ses visites au Théâtre-Français furent assez rares, jusqu'au moment où elles cessèrent tout à fait. Pour Andrieux, il se retira dans sa chaire. Sa voix n'était déjà plus qu'un souffle ; il espérait exhaler ce dernier souffle au milieu de ses élèves. Il n'eut pas ce bonheur, qui eût été sa gloire ; mais sa mort fut regardée comme une perte publique.

Il a laissé des vers qui lui survivent, ne fût-ce que ces vers — prophétiques — de Pacuvius dans le *Procès du Sénat de Capoue* :

> Ajournons, citoyens, ce dangereux procès ;
> D'Annibal qui s'avance arrêtons les progrès ;
> Eteignons nos débats ; que le passé s'oublie,
> Et réunissons-nous pour sauver l'Italie !

> On crut Pacuvius, mais non pas pour longtemps.
> Les esprits à Capoue étaient fort inconstants.
> Bientôt se ralluma la discorde civile ;
> Et bientôt l'étranger, s'emparant de la ville,
> Mit sous un même joug et peuple et sénateurs.
> Français, ce trait s'appelle un avis aux lecteurs.

Ce n'est pas la seule fois qu'Andrieux ait eu l'intuition prophétique. Je n'ai pas le courage de citer la conclusion du *Meunier de Sans-Souci* ; mais elle est dans toutes les mémoires. Ne semble-t-elle pas le pressentiment d'un fils de l'Alsace ? Pressentiment obscur, grâce à Dieu ! Car de quel deuil n'eût pas été atterré ce grand cœur, s'il eût prévu qu'après sa mort les juges même de Berlin lui *prendraient* sa patrie !

L'Académie française, dont il avait été le secrétaire perpétuel, lui devait le dernier honneur que mérite un talent respecté, celui de chercher son successeur parmi les plus dignes. Elle nomma pour le remplacer le brillant et profond historien de la Révolution française. C'était lui donner la mesure de son estime et de ses respects. Il y aura bientôt quarante ans que M. Thiers, déjà ministre pour la troisième fois, vint occuper le fauteuil de Destouches, où Andrieux s'était assis après Chamfort. C'était le 12 décembre 1834. Quelle forte et noble génération entrait alors dans sa jeune virilité ! « Notre siècle, messieurs, disait le nouvel académicien avec un légitime enthousiasme, notre siècle aura pour guides l'érudition et l'expérience. Entre ces deux muses austères mais puissantes, il s'avancera glorieusement vers des vérités nouvelles et fécondes, j'ai du moins un ardent besoin de l'espérer. Je serais malheureux, si je croyais à la stérilité de mon temps. J'aime ma patrie, mais j'aime aussi et j'aime tout autant mon siècle. Je me fais de mon siècle ma patrie dans le temps, comme mon pays en est une dans l'espace, et j'ai besoin de rêver pour l'un, et pour l'autre un vaste avenir. »

L'avenir a reculé d'un pas ; l'espoir a besoin de l'obstiner contre lui-même. Rêvons encore. Rêvons, mais éveillés et debout, prêts à nous remettre en marche avec ces deux grandes forces que nous avions laissées passer ailleurs, l'expérience écoutée, l'érudition reconquise.

Edouard Thierry.

LA CIGOGNE

(NOUVELLE)

I

Ketle allait partir « à la grâce de Dieu » comme dit la chanson.

Depuis son enfance, Ketle habitait, avec sa grand'-mère, qui l'avait élevée, une antique maison, située sur le bord de l'Ill, à Strasbourg. Cette maison était en bois ; ses divers étages surplombaient d'une manière pittoresque, et son immense toit moussu était percé de plusieurs rangées de lucarnes superposées. Ketle et sa grand'mère habitaient la mansarde la plus haute. Sur le toit, il y avait encore de massives cheminées en maçonnerie, qui se dressaient comme des obélisques et servaient de perchoirs aux cigognes. L'air était pur à cette hauteur; on y respirait les effluves balsamiques, venues des Vosges ou de la forêt Noire, par-dessus l'atmosphère de fumée et de tabac de la région inférieure.

L'aïeule et la petite-fille étaient de modestes couturières. Il y avait eu de mauvais jours dans la mansarde, quand l'ouvrage manquait! Mais la vieille aimait l'enfant, comme l'enfant aimait la vieille; on avait courageusement supporté, en s'aimant, les privations et la misère. A présent, il fallait se séparer. Ketle avait dix-huit ans. Une de ses tantes, qui habitait Paris et qui était couturière en renom, la réclamait, promettant de la perfectionner dans son état et de se charger de son sort. La proposition était avantageuse; on avait envoyé un peu d'argent pour payer le voyage; la bonne vieille s'était résignée à cette séparation, au risque de mourir bientôt de son isolement et de sa douleur.

Donc, Ketle allait partir; on n'attendait plus que le voisin obligeant, qui devait la conduire à la gare du chemin de fer et porter son humble bagage.

C'était le matin. Le soleil, pâle et sans rayons, se levait dans une brume légère. La ville semblait encore endormie; cependant on entendait la cloche des veilleurs sonner dans le Munster, les tambours de la garnison battaient la diane sur les remparts. L'étroite fenêtre de la mansarde était ouverte, et, avec les senteurs matinales, entraient les premiers gazouillements des hirondelles. Sur le grand toit, en face de la lucarne, se dressait parmi les autres une cheminée monumentale, que couronnait une touffe de paille et d'herbes desséchées; cette touffe était un nid de cigognes.

Depuis longtemps Ketle entretenait des relations amicales avec les hôtes de ce nid. Elle les saluait par des cris de joie quand ils arrivaient au printemps, elle était triste quand ils partaient, plus nombreux, en automne. Souvent elle laissait, sur le bord du toit, des reliefs de son déjeuner, et la mère cigogne, avec son bec de corail emmanché d'un cou blanc comme celui du cygne, venait les prendre pour en régaler ses petits. Tous ces beaux oiseaux semblaient connaître Ketle. Dès qu'elle paraissait à sa fenêtre, dans un rayon de soleil, ils voltigeaient alentour, ils effleuraient de leurs ailes soyeuses ses cheveux blonds, et *claquetaient* en signe de joie.

Au moment dont nous parlons, la cigogne mâle était déjà en quête pour la nourriture de sa famille, dont les becs rosés saillaient seuls au-dessus du nid; mais la mère, debout sur une de ses longues pattes, tandis que l'autre disparaissait dans les plumes du ventre, regardait vers la mansarde, d'un œil fixe et morne, comme si elle eût compris que sa protectrice allait la quitter pour toujours.

Ketle était une belle personne, bien faite, aux joues rondes et fraîches, aux yeux bleus d'une douceur infinie. Longtemps ses magnifiques cheveux avaient formé deux tresses, qui, nattées avec des rubans, flottaient sur ses épaules, à la mode de Suisse; mais, depuis qu'elle était devenue jeune fille, elle les relevait avec goût sur sa tête, selon la mode française ; et, à cette heure, on n'en voyait que deux bandeaux bien lisses, sous un chapeau de paille noire. Son costume de voyage consistait en une robe de laine, de couleur foncée, qui faisait ressortir les chastes contours de son corsage. Une petite mante, en tartan vert, était posée sur le dossier de sa chaise, et à ses pieds il y avait une valise qui contenait toute sa fortune.

La grand'mère, vieille, ridée, mais dont les traits mélancoliques exprimaient la bienveillance, portait l'ancien costume alsacien, coiffe aux volumineux nœuds de ruban, ample jupe rouge, tablier à bavette et fichu étriqué. Comme elle s'exprimait avec peine en français, elle parlait d'habitude le patois du pays, sorte d'allemand corrompu.

Assises en face l'une de l'autre, la main dans la main, celle qui partait et celle qui restait pleuraient à chaudes larmes, et la vieille dame donnait à la pauvre Ketle les conseils, un peu terre à terre, que lui suggérait sa tendresse.

« Vois-tu, mon enfant, disait-elle de sa voix chevrotante, nous ne nous reverrons plus sans doute ; mais il est naturel que les vieux s'en aillent ; il ne serait pas bon de vivre toujours ! Quand je ne serai plus de ce monde, ne m'oublie pas ; reste honnête fille, et mon âme, en quelque lieu qu'elle habite, en sera réjouie !

— Oh ! grand'mère ! grand'mère ! murmura Ketle, qui suffoquait.

— Tu vas à Paris, poursuivit l'aïeule; le monde y est méchant, et les jeunes filles pauvres, comme toi, y sont exposées à bien des périls. J'espère que Dieu t'en préservera ! Là-bas, tu trouveras la tante Silberger, qui te traitera bien et fera de toi une habile ouvrière. Elle est un peu orgueilleuse, la tante Silberger, et elle a parfois un caractère difficile; mais tu seras docile, et tout s'arrangera... Et puis tu verras, le dimanche, notre cousin Karl Dimer, qui est de quelques années plus âgé que toi et qui t'aime depuis ton enfance. Tu ne le trouves pas beau, je le sais; mais c'est un brave jeune homme, qui gagne bien sa vie. Il est mécanicien dans une usine, et c'est un bon état. Un jour tu pourras l'épouser, et vous vivrez heureux... Beaucoup de pauvres filles, ma chère Ketle, sont parties de leur pays, sans avoir autant de moyens pour réussir !

— Je ferai ce que vous me recommandez, grand'mère.

— Surtout, mon enfant, continua la bonne femme d'un ton rigide, méfie-toi de ces freluquets qui, dit-on, pullulent dans les rues de Paris. Ils ont de beaux habits et une langue dorée; ils s'attachent aux pas des fillettes sans appui et sans argent. Mais ce sont des affronteurs, vois-tu; ils feignent les meilleurs sentiments, et celles qui s'y laissent prendre n'en retirent que du chagrin et de la honte... Tu n'écouteras pas ces beaux parleurs, ma Ketle chérie, n'est-ce pas?... Tu le promets, tu le jures à ta vieille grand'mère, qui ne doit plus vivre longtemps!

— Oh ! oui, grand'mère, je le jure, » s'écria Ketle.

En ce moment, une sorte de nuage passa devant la fenêtre ; on entendit un puissant battement d'ailes, et l'air fut agité dans la mansarde, comme par un gigantesque éventail.

Ketle, effrayée, tressaillit et leva la tête. La cigogne, qui, peu d'instants auparavant, se tenait immobile sur le bord du nid, venait de prendre son essor et voltigeait au-dessus du toit. Elle avait toujours les yeux tournés vers les deux femmes, avec une expression d'affection et de regret ; elle faisait entendre le claquement de bec qui est la seule voix de ces oiseaux à l'âge d'adulte.

La jeune fille se remit de sa frayeur ; la grand'mère lui dit en souriant :

« C'est la cigogne qui vient te dire adieu... Elle a entendu ton serment... Peut-être l'a-t-elle compris, car ces bêtes ont une âme ! »

La cigogne continuait d'agiter ses ailes moitié blanches et moitié noires, en regardant Ketle et son aïeule, quand un bruit subit la fit disparaître. Ce bruit était causé par un homme qui venait d'ouvrir la porte et s'arrêta sur le seuil.

C'était le voisin Schuler, un honnête teinturier qui, en qualité d'ami, devait présider au départ de Ketle.

« *Iungfrau, es ist zeit,* » dit-il avec tristesse.

Puis il s'approcha timidement, et avec ses grosses mains, dont une était bleue et l'autre rouge, il enleva la valise qui ne semblait pas lui peser beaucoup.

Les deux femmes s'embrassèrent longuement et ne pouvaient se séparer. On se faisait des recommandations sans fin, des promesses cent fois renouvelées. On pleurait, on s'éloignait d'un pas et on revenait pour s'embrasser encore.

« *Es ist zeit!* » répétait le voisin Schuler.

Enfin Ketle se sauva, en se cachant le visage dans son mouchoir, et pendant qu'on descendait l'escalier, qui craquait sous le pas lourd du voisin, la grand'mère s'affaissa mourante sur un siége, dans la mansarde désolée.

. . . .
. . . .

Comme la voyageuse s'éloignait de Strasbourg, son dernier regard fut pour les cigognes qui planaient dans l'azur du ciel, autour de la flèche aérienne du Munster.

II

Deux ans s'étaient écoulés, et Ketle, devenue ouvrière principale de la tante Silberger, avait pris les goûts, les instincts, et aussi un peu les travers, de son existence nouvelle.

La vieille grand'mère, à qui elle écrivait les lettres les

plus touchantes, en lui envoyant chaque mois dix francs péniblement économisés, était morte depuis peu, en la bénissant.

Ketle n'était pas trop à plaindre chez sa tante. La maîtresse couturière, habituée à diriger un atelier nombreux, se montrait sévère pour la paresse et avait un ton qui n'admettait pas de réplique. Mais sa nièce jouissait de certains priviléges, et, somme toute, Mme Silberger la traitait comme elle eût fait de sa propre fille. Le seul motif sérieux de reproches qu'elle eût contre Ketle était ce défaut, éminemment parisien, qu'on appelle « flânerie ». C'était Ketle qui, le plus souvent, se rendait chez les pratiques pour essayer les robes et marquer les retouches; or, il arrivait parfois qu'en allant ou en venant, la petite Alsacienne s'attardait à contempler ces riches étalages qui ont tant de charmes pour des yeux féminins dans les rues de Paris; et quand elle rentrait un peu en retard, à la suite de ces promenades, elle était vertement grondée.

Le tante et la nièce recevaient de temps en temps la visite de Karl Dimer, qui avait acquis une excellente position à son usine par son travail et son intelligence; mais, contrairement aux espérances de feu la grand'mère, le jeune mécanicien ne faisait pas de progrès rapides dans le cœur de sa cousine. Il était de petite taille, maigre, à cheveux roux. Quoique toujours très-propres, ses habits étaient d'une coupe surannée; ses mains, en dépit de tous les savons, demeuraient rudes et calleuses. D'ailleurs, il paraissait gauche, et il avait un accent alsacien des plus prononcés. Tout cela ne séduisait pas Ketle; elle appréciait les qualités solides de Karl; mais, frivole comme la plupart des jeunes filles, elle eût préféré de brillants défauts.

Elle admirait davantage, par exemple, un certain M. Aubry, employé ou plutôt « chef de rayon » dans un magasin de nouveautés de la rue du Bac. C'était un grand bellâtre, à figure insignifiante. En revanche, il était toujours vêtu avec élégance, et sa barbe bien tenue, ses cheveux soigneusement frisés, rappelaient les têtes de cire qui décorent les boutiques de coiffeurs. Ketle, en achetant des étoffes dans le magasin auquel M. Aubry appartenait, avait été plusieurs fois l'objet des attentions et des prévenances du beau commis. Il lui avait adressé des paroles flatteuses, il lui avait lancé des œillades meurtrières. Elle ne répondait pas ou répondait seulement par des sourires embarrassés. Cependant M. Aubry avait des mains si blanches, des ongles si roses, quand il maniait le mètre pour mesurer la soie et le velours! Son paletot lui prenait si bien la taille et sa chevelure sentait si bon!... Ah! ce n'était pas comme le pauvre cousin Dimer!

Peu à peu M. Aubry se multiplia sur ses pas, quand elle sortait pour les affaires de la maison; et alors, comment refuser d'échanger quelques mots avec ce jeune homme si distingué, si poli, qui s'informait avec intérêt d'elle, de sa tante, de tout ce qui la touchait? Elle rougissait, balbutiait, laissait à peine tomber un monosyllabe ; mais le beau commis avait trop d'expérience pour ne pas deviner qu'on ne le voyait pas de mauvais œil.

Aussi ne pourrions-nous dire comment il arriva qu'un jour Ketle, en venant de porter une robe chez la femme d'un professeur au Muséum, rencontra tout à coup M. Aubry dans le Jardin des Plantes.

Ce jour-là, le chef de rayon avait fait une superbe toilette, courte redingote noire avec camélia blanc à la boutonnière, pantalon clair, cravate au nœud luxuriant. Il tenait un stick à la main. Au moindre de ses mouvements, un parfum de jasmin et de vanille se répandait fort loin à la ronde.

Ketle, de son côté, se trouvait, bien fortuitement sans doute, avoir pris sa robe de popeline, son toquet à fleurs, ses fines bottines des dimanches ; et quoique sa mise fût toujours modeste, la jeune Alsacienne était vraiment fort jolie.

Quand ils se rencontrèrent dans la grande allée, Ketle rougit plus fort que jamais et baissa les yeux, tandis que M. Aubry saluait d'un air à la fois cérémonieux et suffisant.

Le chef de rayon débuta par une maladresse.

« Charmante, dit-il d'un ton qu'il essayait de rendre passionné, combien je vous remercie d'être venue !

— Mais, monsieur, balbutia Ketle avec hypocrisie, je ne comprends pas... Je m'attendais si peu... ce hasard est si extraordinaire...

— C'est juste, répliqua M. Aubry en clignant des yeux et en passant la main sur ses favoris bouclés ; néanmoins vous daignerez, je l'espère, accepter mon bras pour faire un tour de jardin ? »

La petite couturière posa en tremblant sa menotte, couverte d'un gant de fil d'Écosse, sur le bras de M. Aubry. Alors M. Aubry se redressa d'un air de triomphe, et ils se promenèrent ensemble.

La promenade fut assez longue. Le beau commis parlait bas avec une faconde imperturbable ; Ketle l'avait d'abord écouté timidement, sans oser lui répondre ni même le regarder. Cependant, peu à peu elle s'enhardit, elle s'anima ; son sein palpitait, ses yeux devenaient brillants. Elle se taisait toujours ; mais, deux ou trois fois, elle avait osé presser imperceptiblement le bras sur lequel elle s'appuyait.

Mons Aubry, voyant son succès, redoublait de verve et d'éloquence. Que disait-il donc à cette petite Ketle ? Je ne sais : dans certaines circonstances, un beau garçon, bien tourné, fût-il stupide, a tant de moyens de persuasion auprès d'une jolie fille ! D'ailleurs, la nature, par malice sans doute, a fait ces gentilles personnes d'autant plus crédules qu'elles sont plus innocentes. Le chef de rayon finit par se diriger sournoisement vers une porte du jardin. Ketle se défiait ; mais M. Aubry ne tenait pas compte de sa défiance. Multipliant les paroles tendres et passionnées, il entraînait la pauvrette, qui tremblait, frémissait, murmurait des protestations, mais se laissait conduire.

On traversait en ce moment la ménagerie. M. Aubry prenait de plus en plus des allures de conquérant ; un sourire narquois se jouait déjà sous sa moustache bien cirée, quand il sentit tout à coup Ketle devenir aussi ferme qu'un roc. Elle s'arrêta et l'obligea de s'arrêter.

Cette halte avait lieu devant la mare de la ménagerie, et à travers le treillage, on voyait une foule d'oiseaux aquatiques, de la classe des échassiers pour la plupart, s'ébattre dans les eaux claires de ce lac en miniature.

Ketle, l'œil hagard, la poitrine haletante, contemplait ces magnifiques volatiles.

Mais ce n'étaient pas les flammants roses, venus des pays tropicaux, les hérons majestueux, les ibis couleur de feu, les aigrettes argentées de la Floride, qui attiraient l'attention de l'Alsacienne ; c'était une mélancolique cigogne, qui, immobile sur un pied, selon l'usage, son long bec rouge rentré dans les épaules, dardait elle-même sur Ketle un regard triste, mystérieux, profond, qui semblait chargé de reproches.

Rien ne saurait peindre le serrement de cœur de la jeune fille, en présence de cet oiseau dont la vue réveillait tous les souvenirs de sa vie passée.

« Une cigogne ! une cigogne ! » murmura-t-elle d'une voix éteinte.

Et des larmes abondantes jaillirent de ses yeux.

Le commis, ne comprenant rien à cette émotion subite, dit d'un ton d'impatience :

« Eh bien donc, Ketle, à quoi pensez-vous? Allons-nous perdre le temps devant ces bêtes criardes? »

Et il voulut l'entraîner de nouveau ; mais elle ne bougea pas.

« Strasbourg ! murmura-t-elle avec égarement ; Strasbourg, où je suis née... Ma vieille grand'mère... qui est morte... Ma grand'mère qui en partant m'a fait jurer...

— Ketle! interrompit M. Aubry, cela n'a pas le sens commun... venez ! »

Il essaya encore de lui prendre la main ; cette fois, elle le repoussa avec force et dit d'une voix ferme :

« Retirez-vous, monsieur, je ne dois pas vous écouter... je vous ai déjà trop écouté... Laissez-moi ; je retourne chez ma tante ; je ne vous reverrai jamais !

— Ah ça, devenez-vous folle ?

— Laissez-moi, vous dis-je... Adieu... Ne me suivez pas, ne m'approchez pas... ou j'appelle un gardien. »

Elle se perdit dans la foule et disparut.

Trois mois plus tard, Ketle épousait son cousin Karl Dimer.

Aujourd'hui, le mari travaille, la femme travaille et le ménage prospère. Les deux époux ont opté pour la nationalité française, et ils feront souche de bons Français.

Pauvre Strasbourg ! y a-t-il encore de belles cigognes blanches qui volent autour de ton clocher ?

L'ouragan de fer et de feu qu'ils déchaînèrent contre ta vieille cathédrale, la trombe d'obus et de boulets qui affirma la civilisation allemande, en mutilant ton Munster, en brisant l'horloge de Schwilgué, en brûlant ta bibliothèque, n'ont-ils pas aussi mis en fuite les cigognes?

Courage, noble ville française ! Ces Teutons et ces Vandales n'ont pas dégénéré de leurs ancêtres ; mais ils se sont attaché à la jambe un lourd anneau de fer qui l'usera jusqu'à l'os et y entretiendra une plaie mortelle. Courage, cité martyre ! et quand ils s'acharnent sur toi, rappelle-leur, à eux qui savent si bien la Bible, que « celui qui frappe avec l'épée périra par l'épée ».

Élie Berthet.

LE PROCÈS

DE

GUTTEMBERG A STRASBOURG

Ce sont les pièces originales de ce procès qui ont établi pour la première fois, avec certitude, l'époque de l'invention de l'imprimerie en caractères mobiles par Guttemberg. Jusqu'à la publication de ces pièces, découvertes en 1760 par l'archiviste Wenkler et par le savant Schœpflin dans une vieille tour de Strasbourg, nommée *le Plennigthurm*, tout était controversé et obscur dans l'histoire de cette admirable invention que se disputaient quinze villes différentes, et que chacune de ces villes plaçait à des dates plus ou moins problématiques. Jusque-là, le débat, engagé dès la fin du seizième siècle, avait donné naissance à une multitude d'ouvrages écrits dans toutes les langues et tous assez bien étayés de preuves, de manière à se contredire les uns les autres : il était difficile de faire sortir de ce chaos d'opinions intéressées ou partiales une conclusion satisfaisante. Les contemporains de l'imprimerie eux-mêmes ne se trouvant pas d'accord sur le nom de l'inventeur, sur le lieu et sur la date de l'invention, pouvait-on, à trois siècles de distance, constater un fait qui n'avait jamais eu de notoriété établie et incontestable ?

Cependant on avait dès lors écarté du débat les prétentions évidemment mal fondées de douze villes : Augsbourg, Bâle, Bologne, Dordrecht, Feltri, Florence, Lubeck, Nuremberg, Rome, Rottenburg, Schlestadt et Venise; on avait mis hors de cause comme inventeurs Gastaldi, Jean de Gamund, Ulrich Zell, Mentelin, Jenson, Regiomontanus, Schweinheym, Pannartz, Louis de Vaelbeke, Caxton, etc. Quant aux érudits qui s'étaient amusés à faire remonter l'imprimerie à Saturne, à Job et à Charlemagne, ils n'avaient fait que prouver, par ces incroyables paradoxes, que le germe des grandes inventions peut exister et poindre quelquefois dans le cours des âges, avant d'être fécondé et mûri en son temps par une réunion de circonstances fortuites et fatales. Il ne restait donc en présence que trois systèmes dignes de se combattre; trois noms de villes et quatre noms d'hommes : Harlem avec Laurent Coster; Strasbourg avec Guttemberg; Mayence avec Guttemberg, associé à Fust et à Schœffer. Harlem datait l'imprimerie de 1420; Strasbourg, de 1440; Mayence, de 1450.

Selon les partisans de Harlem, cette ville possédait, au

commencement du xive siècle, un marguillier de paroisse, nommé Laurent Coster, qui exerçait avec beaucoup d'habileté le métier de graveur sur bois pour les cartiers et les marchands d'images pieuses. Ce Coster, étant allé, un jour, se promener aux environs de Harlem, découpa des lettres en écorce de hêtre et s'en servit ensuite pour imprimer sur vélin, probablement à la brosse et sans le secours d'une presse, quelques versets de l'Ecriture sainte et quelques courtes oraisons. Il perfectionna bientôt sa découverte ; il tailla de nouvelles lettres, plus élégantes de forme, dans un bois plus dur ; il composa une encre plus visqueuse et plus noire que l'encre ordinaire, et il produisit, de la sorte, par le décalque ou l'impression, plusieurs petits livres de pédagogie et de piété. Ces premières éditions, aussi grossières qu'imparfaites, étaient tirées à la main sur des planches de bois où chaque page, gravée au canivet ou canif, offrait des caractères alignés en relief qui déposaient leur empreinte sur le papier, à l'instar des estampes de sainteté qui avaient cours depuis longtemps, mais qui ne portaient pas encore de longues légendes. Aussi le texte imprimé ne commença-t-il à paraître que comme accessoire des figures sur bois qui composent les vieux monuments de la xylographie : *Biblia pauperum, Speculum humanæ salvationis*, etc.

Mais Laurent Coster ne s'arrêta pas là ; après avoir fabriqué plusieurs éditions xylographiques de ce *Speculum* et surtout de la *Grammaire latine* de Donatus, qui était presque seule en usage dans les colléges et les écoles de l'Europe entière, il imagina l'imprimerie, c'est-à-dire l'impression en caractères mobiles ; il n'eut, pour atteindre cet immense résultat, qu'à diviser une à une avec la scie les lettres gravées sur une planche solide, à les percer d'un trou dans lequel on faisait passer une tige de fer ou une ficelle, et à les réunir ensuite, suivant les innombrables combinaisons de l'alphabet, dans un cadre fixe où elles restaient adhérentes et serrées l'une contre l'autre. Alors il put imprimer des *Speculum* et des *Donats*, à l'aide de ces lettres en bois qui venaient se combiner, se grouper sous la main de l'ouvrier, et former, par leur ingénieuse agrégation, des mots, des lignes et des pages que la presse à vis, dont il se servit le premier, reproduisait à l'infini sur des feuilles de papier humide. Un progrès engendre le progrès : les lettres en bois se changèrent en caractères de métal. Dès lors, tout le mécanisme de l'imprimerie était trouvé. Laurent Coster avait associé à sa découverte son gendre Thomas, qui l'aidait à l'exploiter le plus secrètement possible. Les ouvriers attachés à l'établissement de Coster n'y étaient admis qu'en subissant des épreuves successives qui devaient être la garantie de leur discrétion et de leur fidélité, car ils s'engageaient par serment à ne jamais rien révéler des procédés de leur art mystérieux. Un d'eux, cependant, nommé Jean, malgré ce serment, enleva une nuit (la nuit de Noël de 1439 ou 1440) tous les outils de l'atelier de Coster et les emporta d'abord à

Amsterdam, puis à Cologne, puis à Mayence, où il fonda une imprimerie qui mettait au jour, en 1442, le *Doctrinale Alexandri Galli*.

Tels étaient les éléments un peu romanesques du système qui faisait honneur de l'invention typographique à la Hollande et à la ville de Harlem. Malheureusement, toute cette histoire ne reposait que sur la tradition et sur le témoignage du philologue hollandais Adrien Junius, qui l'avait recueillie dans un de ses ouvrages, *Batavia* (Leyden, 1588, in-4°), publié quatorze ans après sa mort et cent quarante ans après l'événement qu'il y raconte. Néanmoins, la Hollande avait trop d'intérêt à soutenir la vérité de cette glorieuse tradition, pour que ses savants lui fissent défaut dans une cause toute nationale. Scriverius, Boxhorn, Ellis et, mieux que ses prédécesseurs, Meerman, revendiquèrent en faveur de Laurent Coster l'invention de l'imprimerie ; mais, en dépit des recherches les plus persévérantes, on ne découvrit pas un seul imprimé portant le nom de l'inventeur, auquel on fut réduit à attribuer quelques éditions, sans nom et sans date, de la *Grammaire* de Donatus et du *Speculum humanæ salvationis*. Ce qui n'empêcha pas de lui élever des statues, de lui décerner des inscriptions commémoratives, et de célébrer des fêtes publiques en mémoire de sa découverte.

Selon les partisans de Strasbourg, cette ville avait donné asile, en 1420, à Hans ou Jean Gensfleisch de Sorgenloch, dit Guttemberg, gentilhomme de Mayence, que des troubles politiques exilèrent de sa ville natale. Guttemberg était artiste, peintre et enlumineur de manuscrits, disent ceux-ci ; graveur sur bois et scribe, disent ceux-là. Quoi qu'il en soit, les registres d'imposition de l'année 1436 le citent au nombre des constables de Strasbourg, dignité municipale qu'il pouvait devoir à sa naissance, à sa fortune et à son caractère. Deux actes de constitution de rentes, passés en 1441 et en 1442, prouvent que Guttemberg, qui résidait encore à Strasbourg en ce temps-là, y occupait un rang distingué. Ce n'est qu'en 1445 qu'il quitte cette cité impériale pour retourner dans sa patrie et y établir une imprimerie en s'associant avec Jean Fust et Pierre Schœffer. Mais la tradition constante de Strasbourg voulait que cette imprimerie, créée à Mayence en 1450 par Guttemberg, eût déjà fonctionné à Strasbourg, et que plusieurs livres en fussent même sortis, bien avant les premières éditions mayençaises.

Quels étaient donc ces livres ? On ne citait que des publications scolastiques et théologiques, peu importantes, sans nom et sans date, qui pouvaient être revendiquées également par dix imprimeurs différents du xve siècle, et surtout par Jean Mentelin, de Strasbourg. La plupart des contemporains qui avaient parlé de l'invention de l'imprimerie désignaient bien Guttemberg comme l'inventeur ou du moins comme un des inventeurs, mais aucun ne faisait mention des essais que cet inventeur aurait tentés à Strasbourg, avant son retour à Mayence. Ce ne fut qu'en 1502 que Jean Wimpheling, un des principaux restaurateurs des lettres en Alsace, annonça solennellement que Guttemberg avait trouvé l'art d'imprimer en caractères mobiles, vers 1440, pendant qu'il habitait Strasbourg, où son élève Jean Mentelin exécuta et perfectionna depuis les mêmes travaux dans le même atelier. La ville de Strasbourg était donc autorisée à croire qu'elle avait donné naissance à l'imprimerie, et ses savants flattèrent cette prétention en s'efforçant de la faire prévaloir. L'illustre Schœpflin surtout, au milieu du dernier siècle, s'était établi l'antagoniste infatigable de tous les systèmes opposés à celui qui constatait les droits de Strasbourg à la découverte de Guttemberg.

Selon les partisans de Mayence, cette ville avait reçu de Guttemberg, en 1449, le dépôt de l'imprimerie, lorsqu'il s'associa avec Jean Fust et Pierre Schœffer pour la mise en œuvre de la merveilleuse invention qu'il méditait depuis plusieurs années. Cette association ne fut pourtant pas heureuse : de 1449 à 1455, époque de sa rupture à la suite d'un procès, les associés dépensèrent des sommes énormes et n'achevèrent aucune impression remarquable ; ils avaient commencé une grande édition de la Bible en latin, mais les quarante-huit premières pages imprimées coûtaient environ 8,000 florins, lorsqu'ils en vinrent à ce malheureux procès qui les rendit mutuellement libres. Guttemberg se retira, en laissant Fust et Schœffer seuls maîtres de l'établissement commun et de tout ce qu'il contenait : ce fut alors que Schœffer trouva l'art de fondre les caractères à l'aide d'un moule ou matrice, et termina, dans l'espace de peu de mois, la magnifique édition de la Bible, dite de Mayence, contenant six cent quarante feuillets à quarante-deux lignes par page, sans aucune indication de lieu ni de date; édition à laquelle Guttemberg ne fut certainement pas tout à fait étranger. Celui-ci, aussitôt après s'être séparé de ses associés, en avait trouvé un autre, Conrad Humery, syndic de Mayence, qui lui fournit les fonds nécessaires pour fonder une nouvelle imprimerie, rivale de celle de Fust et de Schœffer; mais ici comme toujours, il s'abstint d'apposer son nom aux livres qui sortirent de ses presses et qui furent imprimés avec d'autres procédés que ceux de ses anciens associés.

Le premier livre avec nom et avec date sortit des ateliers de Fust et de Schœffer; ce fut le *Psautier*, dont le dernier feuillet offre cette curieuse souscription : *Præsens spalmorum* (sic) *Codex, venustate capitalium decoratus, rubricationibusque sufficienter distinctus, adinventione artificiosa imprimendi et characterizandi; absque calami ulla exaratione sic effigiatus, et ad eusebiam Dei industrie est consommatus, per Johannem Fust, civem moguntinum, et Petrum Schœffer de Gernszkeim, anno Domini millesimo CCCCLVII in vigilia Assumptionis.*

Voici la traduction littérale :

« Le présent livre des Psaumes, décoré de belles

initiales, convenablement parsemé de rubriques en couleurs, au moyen d'une invention ingénieuse dans l'art d'imprimer et de tracer des caractères, ainsi fabriqué sans faire usage de la plume et sous l'inspiration de Dieu, a été soigneusement achevé par Jean Fust, citoyen de Mayence, et Pierre Schœffer de Gernszheim, l'an du Seigneur mil quatre cent cinquante-sept, la veille de l'Assomption. »

Fust et Schœffer publièrent ensuite quantité d'éditions volumineuses exécutées avec une perfection étonnante et accompagnées de souscriptions analogues, mais ils ne nommèrent nulle part dans ces souscriptions leur ancien associé Guttemberg comme ayant participé à leurs travaux, et l'on peut croire que le prote ou le correcteur d'imprimerie qui l'a désigné indirectement dans des vers latins placés à la fin de l'édition des *Institutes* de 1468, n'avait pas demandé à ses patrons la permission de glorifier à la fois Jean Guttemberg et Jean Fust, tous deux originaires de Mayence :

<blockquote>Quos genuit ambos urbs Moguntina Joannes.</blockquote>

Les auteurs contemporains furent moins prévenus ou moins oublieux ; ils s'accordèrent presque unanimement à reconnaître Guttemberg pour l'inventeur de l'imprimerie, et Mayence pour le lieu de cette invention, que l'on fixait entre l'année 1445 et 1450. En conséquence, la ville de Mayence put se vanter, sans opposition, d'avoir donné naissance à la plus belle création du génie humain; elle associa toutefois Fust et Schœffer aux honneurs qu'elle rendit à Guttemberg, en lui érigeant des monuments et en invitant le monde lettré à des fêtes séculaires en l'honneur de la découverte de l'imprimerie.

Tel était l'état de la question en 1760, lorsque Schœpflin, qui avait défendu la cause de Strasbourg par induction et par analogie plutôt qu'avec des preuves certaines, mais qui avait pourtant signalé deux opuscules comme ayant été imprimés par Guttemberg dans cette ville, le *Soliloquium Hugonis* et le traité *de Miseria humana*, eut le bonheur de découvrir aux archives du Plennigthurm les actes d'un procès civil datant de l'année 1439, documents précieux qu'il publia, pour la première fois, en les commentant à l'appui de son système. C'est bien à tort que l'on essaya de contester l'authenticité de ces documents rédigés en langue allemande; ils n'étaient pas même suspects d'altération. Schœpflin les a traduits assez mal en latin, et sa version se trouve avec l'original allemand dans ses *Vindiciæ typographicæ*. M. le comte Léon de Laborde les a beaucoup mieux traduits en français, dans sa remarquable dissertation intitulée: *Débuts de l'imprimerie à Strasbourg*. Cependant il aurait pu, en comprenant, en expliquant un seul mot, comme nous l'avons fait, donner une nouvelle force à son argumentation, et dire positivement quel a été le premier livre imprimé à Strasbourg par Guttemberg.

Nous allons analyser ces actes authentiques, en respectant autant que possible le texte des originaux ; il nous restera peu de chose à faire pour indiquer les renseignements historiques qu'on en peut tirer. Ce n'est pas la seule fois que les pièces d'une simple procédure viendront répandre la lumière sur un point ténébreux de l'histoire.

Jean Gensfleisch, de Mayence, dit Guttemberg, fut cité devant les juges du Grand Conseil, par les deux frères Georges et Nicolas Dritzehen ; il comparut, dans la salle du tribunal, le 12 décembre 1439, en présence de maître Cupenope, conseiller à Strasbourg, qui résuma ainsi l'objet du procès, à l'occasion duquel dix-sept témoins, tant à charge qu'à décharge, avaient été assignés :

Vers l'année 1437, André Dritzehen, frère aîné de Georges et de Nicolas, demandeurs, ayant hérité de son père un bien considérable en terres et domaines, engagea ce bien pour réaliser une grosse somme d'argent ; après quoi, il s'associa avec le nommé André Heilman et Jean Guttemberg, dans le but d'exploiter certains secrets que ce dernier possédait. Leur industrie prospéra et prit de l'accroissement, ce qui exigea de nouveaux apports de fonds de la part des associés. André Dritzehen notamment s'était porté garant de côté et d'autre pour achat de plomb et pour d'autres fournitures nécessaires à l'exploitation, dans laquelle il était intéressé comme tiers. Sur ces entrefaites, il mourut, ne laissant que des dettes pour tout patrimoine. Georges et Nicolas Dritzehen, ses héritiers, se crurent donc en droit de demander à Guttemberg d'être admis dans l'association, aux lieu et place de leur frère défunt; mais Guttemberg repoussa leur demande, sans vouloir motiver son refus.

A cet exposé de la plainte, Guttemberg répondit qu'en effet André Dritzehen était venu à lui, il y avait plusieurs années, en sollicitant la communication de divers *secrets*; alors Guttemberg lui apprit à *polir des pierres* (peut-être la taille des pierres précieuses), et André Dritzehen tira bon parti de ce secret. Plus tard, Guttemberg était convenu avec Hans Riffen, maire à Litchtenow, d'exploiter un autre secret, à l'occasion du pèlerinage d'Aix-la-Chapelle, et ils formèrent ensemble une société dans laquelle Riffen devait avoir une part des bénéfices et Guttemberg deux parts. Dès qu'André Dritzehen apprit cette association, il voulut en faire partie, et André Heilman manifesta le même désir. Guttemberg y consentit, d'accord avec Riffen, et promit à André Heilman, ainsi qu'à André Dritzehen, de leur communiquer son nouveau *secret*, à condition qu'ils achetassent ensemble une part, moyennant 160 florins payés le jour même où le secret leur serait divulgué, et 80 florins payables à une époque postérieure, laquelle ne fut pas fixée.

André Heilman et André Dritzehen se trouvèrent ainsi intéressés, chacun pour un sixième, dans l'association.

Mais le pèlerinage d'Aix-la-Chapelle n'eut pas lieu et fut remis à l'année suivante. Les deux nouveaux associés, à qui avait été révélé le *secret* en question, s'aperçurent que ce *secret* n'était pas le seul que Guttemberg eût l'intention d'exploiter. Ils lui proposèrent alors de s'entendre avec lui pour toutes les *inventions* et pour tous les *secrets* qu'il pourrait avoir encore, et l'on tomba d'accord que les deux associés ajouteraient, à la somme déjà payée pour une part de deux sixièmes dans l'association, une nouvelle somme de 250 florins, de façon que leur apport total s'élèverait à 410 florins. Sur ces 250 florins, ils n'en payèrent pas même 100, car Heilman en donna 50 et Dritzehen 40. Quant au surplus, le payement fut remis à différents termes.

L'association était ainsi réglée entre les quatre co-intéressés : l'exploitation du *secret* aurait lieu à leur profit pendant cinq années consécutives; dans le cas où l'un des quatre irait de vie à trépas avant l'expiration desdites cinq années, *tous les ustensiles du secret et tous les ouvrages déjà faits* resteraient la propriété des autres associés, qui devraient toutefois payer aux héritiers du défunt une somme de 100 florins, mais seulement à la fin de l'exploitation commune du *secret*. Ces conventions verbales avaient été approuvées et signées par les parties, et André Dritzehen fut initié à tous les *secrets* de l'art de Guttemberg, comme il le reconnut lui-même à son lit de mort.

Le défendeur s'était renfermé dans cette exposition,

simple et vraie, quoique vague et obscure, des faits ; il ajouta, toutefois, qu'il n'avait pas à répondre de l'usage qu'André Dritzehen aurait jugé convenable de faire de son patrimoine ; que, quant à lui, il n'avait jamais reçu de Dritzehen que 310 florins sur les 410 convenus entre eux ; qu'il reconnaissait seulement avoir accepté, à titre de présent, un demi-*omen* (barrique) de vin cuit, une corbeille de poires et un demi-*fulder* (tonneau) de bière, que lui offrirent ses associés Dritzehen et Heilman, sans doute pour le remercier de les avoir souvent hébergés à sa table ; que jamais André Dritzehen ne s'était porté garant pour du plomb et autres fournitures faites à l'association ; enfin, que les deux frères du défunt n'avaient à faire valoir aucun droit à l'égard de cette association, ainsi qu'ils pouvaient s'en convaincre par la lecture des conventions signées et scellées par feu André Dritzehen. En conséquence, Guttemberg proposait, sans attendre l'expiration des cinq ans fixés pour la durée de la société, de rendre aux héritiers d'André Dritzehen les 100 florins qui devaient leur revenir pour tout dédommagement, à la condition expresse que lesdits héritiers imputeraient sur cette somme celle de 80 florins qu'André Dritzehen devait encore, d'ancienne date, à Guttemberg. Celui-ci, suivant son compte, n'aurait eu que 20 florins à débourser pour être entièrement quitte envers Georges et Nicolas Dritzehen.

On lut ensuite les dépositions écrites des témoins, qui avaient été interrogés sur ce qu'ils savaient de l'association existant entre Guttemberg et André Dritzehen. C'étaient les parents et les amis des associés, leurs ouvriers et leurs voisins. Voici un extrait de ces dépositions :

Barbel de Zabern, la mercière, rapporta un entretien qu'elle avait eu, la nuit, avec André Dritzehen, qui travaillait dans son atelier : « Ne voulez-vous pas à la fin aller dormir? lui dit-elle. — Il faut auparavant que je termine ceci, répondit-il. — Mais Dieu me soit en aide! reprit-elle, quelle grosse somme d'argent dépensez-vous donc à votre métier? Cela vous a coûté tout au moins 10 florins? — 10 florins! répliqua-t-il, tu es folle! Ecoute, si tu avais ce que cela m'a coûté en sus de 300 florins comptant, tu en aurais assez pour toute ta vie. Mets que j'ai dépensé 500 florins, et que j'en dépenserai encore plus; c'est pourquoi j'ai engagé mon avoir et mon héritage. — Oui dà! dit-elle; si cela réussit mal, que ferez-vous alors? — Cela ne peut mal réussir, répondit-il, et avec l'aide de Dieu, avant un an révolu, nous aurons recouvré notre capital et nous serons tous bien heureux. »

Ennel, femme de Hans Schultheiss, le marchand de bois, dans la maison duquel demeurait Nicolas Dritzehen, un des demandeurs, déclara que Lorenz Beildeck, domestique de Guttemberg, était venu trouver Nicolas, après la mort de son frère André, et lui avait dit : « Feu André avait *quatre pièces couchées dans une presse ;* Guttemberg vous prie de les retirer de la presse et de les séparer les unes des autres, afin que l'on ne puisse comprendre ce que c'est. » Cette femme avait aidé souvent André dans ce travail, qu'elle ne comprenait pas elle-même, et auquel André était occupé nuit et jour.

Le mari de cette femme fit la même déclaration relative au message de Guttemberg, apporté par Lorenz Beildeck à Nicolas Dritzehen, après la mort de son frère André. Nicolas descendit dans l'atelier pour chercher les pièces qu'on disait *couchées dans la presse;* mais il n'en trouva aucune. Quant à la fabrication de ces pièces, André Dritzehen, peu de temps avant son décès, prétendait y avoir consacré plus de 300 florins.

Conrad Sahspach, le tourneur, déposa que, sitôt après la mort d'André Dritzehen, André Heilman vint lui dire : « Cher Conrad, comme c'est toi qui as fait les presses, et que tu connais la chose, va dans l'atelier d'André, retire les pièces de la presse, sépare-les les unes des autres, décompose-les de telle sorte que personne ne puisse voir ce que c'est. » Conrad y alla, mais les presses et tous les outils avaient disparu. Il ajouta que feu André Dritzehen avait dépensé beaucoup pour le travail qu'il préparait de concert avec Guttemberg.

Wernher Smalriem et Hans Sidenneger déposèrent dans le même sens. Feu André Dritzehen se plaignait, dirent-ils, d'être forcé d'engager son bien pour faire face aux frais de son entreprise.

Mydehart Stocker déposa que, le jour où André Dritzehen tomba malade de la maladie dont il mourut (c'était la fête de Saint-Jean-Baptiste), il était allé le voir, et qu'il le trouva au lit, fort abattu. « André, comment cela va-t-il ? demanda Stocker. — J'ai la conviction que mon état est grave, répondit André. Si je dois mourir, comme je le pense, ajouta-t-il, je voudrais n'être jamais entré dans l'association. — Pourquoi cela ? reprit le témoin. — Parce que je sais que mes frères ne s'entendront jamais avec Guttemberg. » Là-dessus, André Dritzehen lui avait raconté comment l'association s'était faite à deux reprises différentes, et la seconde fois, lorsqu'il s'aperçut que Guttemberg possédait encore plusieurs secrets que celui-ci n'avait pas promis de communiquer à ses associés, et dont il s'occupait seul dans sa maison de Saint-Arbogast. Du reste, ce que le défunt disait de cette association et des engagements qui en avaient été la suite, concordait parfaitement avec les déclarations de Guttemberg lui-même.

Lorenz Beildeck, le domestique, confirma le fait important de la mission que son maître lui avait confiée après la mort d'André Dritzehen. Il était allé avertir Nicolas Dritzehen de ne montrer à personne la presse qu'il avait sous sa garde. Il reconnut formellement que Guttemberg lui avait ordonné de se rendre à l'atelier, d'ouvrir la presse au moyen des deux vis, afin que les pièces se détachassent les unes des autres, et de placer ensuite ces pièces sur la presse, de manière que personne n'y pût rien voir ni comprendre.

Le curé Pierre Eckart, qui avait assisté André

Dritzehen à ses derniers moments, déposa que le défunt avait déclaré, en confession, qu'il était intéressé dans une entreprise pour 200 ou 300 florins, et qu'il ne possédait plus un liard de son patrimoine.

Thomas Steinbach, Reimbold de Ehenheim, Niger de Bischoffsheim, témoignèrent de la gêne dans laquelle vivait André Dritzehen : par suite des dépenses de l'association, il avait vendu des terres, emprunté sur gage et souscrit des billets.

Antoine Heilman, frère d'André Heilman, l'un des associés, donna d'utiles renseignements sur l'association, qui avait pour objet, dit-il, de vendre des MIROIRS, au pèlerinage d'Aix-la-Chapelle; c'était lui qui, apprenant qu'André Dritzehen voulait entrer pour un tiers dans cette association, avait recommandé son propre frère André Heilman à Guttemberg, en le priant de l'y faire admettre de préférence; il lui avait dit alors qu'il craignait que les amis d'André Dritzehen ne prétendissent que le *secret* fût de la sorcellerie. Néanmoins, on tomba d'accord, et la première convention fut signée avec André Dritzehen. Lui-même avait prêté quelque argent au nouvel associé, pour parfaire sa mise de fonds.

La seconde convention avait exigé plus de pourparlers. Guttemberg, en posant ses conditions, avait dit au témoin, qu'il fallait faire attention à un point essentiel, à savoir : que dans toute chose il y eût égalité de droits et d'intérêts entre les associés ; qu'ils s'entendissent toujours entre eux, de manière que l'un ne cachât rien à l'autre et que chaque découverte fût exploitée au profit de tous.

Dans une conférence, Guttemberg avait dit encore : « Il y a maintenant tant de choses prêtes, et il y en a tant en voie d'exécution, que votre part n'est pas loin d'égaler dès à présent votre mise de fonds ; ainsi le *secret* que je dois vous confier ne vous coûtera vraiment rien. » Le cas de mort d'un des quatre associés avait été prévu : les survivants devaient rendre seulement aux héritiers du défunt une somme de 100 florins pour tous les ustensiles, *formes* et autres objets, à la fin de l'association. Guttemberg dit, à ce propos, que ce serait un grand avantage pour ses associés, s'il venait à mourir, car il leur laisserait tout ce qu'il aurait pu revendiquer pour ses frais d'invention. Les associés avaient jugé prudent de prendre leurs précautions pour qu'en cas de mort de l'un d'eux, on ne fût pas obligé d'apprendre, de *montrer*, de *découvrir* le *secret* à tous les héritiers du défunt.

A l'époque où André Dritzehen mourut, le témoin, qui savait bien, dit-il, que nombre de gens auraient été curieux de voir la presse, avertit Guttemberg d'envoyer quelqu'un pour qu'on ne la montrât à personne. Guttemberg, en effet, chargea son domestique de *chercher les formes*, et de s'assurer qu'elles avaient été séparées. Le témoin ajoutait que Guttemberg ne fut pas satisfait de l'état dans lequel ces *formes* lui furent remises.

Hans Dunne, l'orfévre, a déposé qu'il avait, dans l'espace de trois ans, et en ne travaillant que pour

Guttemberg, gagné près de 100 florins, seulement *avec les choses qui appartiennent à l'imprimerie.*

Les dépositions des témoins étaient trop conformes aux déclarations de Guttemberg pour laisser du doute dans l'esprit du juge. Le seul point qui restait dans le vague et qui d'ailleurs n'avait pas d'utilité au procès, c'était le véritable but de l'association, c'était la nature des *secrets* qui devaient être exploités. Antoine Heilman avait été, à cet égard, plus explicite que les autres témoins, en disant que cette association se proposait de vendre des *miroirs* au pèlerinage d'Aix-la-Chapelle. Quant à Guttemberg, il s'était montré très-réservé sur la question des *arts* ou *secrets* qu'il avait communiqués à ses associés.

Le juge, en résumant avec impartialité les faits de la cause, les allégations des parties et les dépositions des témoins, prononça cet arrêt :

« Considérant qu'il y a un acte qui démontre dans quelles formes les arrangements ont été pris et ont eu lieu, ordonnons que Hans Riffen, André Heilman et Hans Guttemberg fassent serment, devant Dieu, que les choses se sont passées ainsi que l'acte d'association le démontre, et que cet acte avait pour condition qu'un autre acte scellé aurait été fait, si André Dritzehen était demeuré en vie ;

« Que Hans Guttemberg jure, en outre, que les 80 florins ne lui ont point été payés par feu André Dritzehen ;

« De ce moment, lesdits 80 florins lui seront déduits de la somme de 100 florins qu'il doit aux héritiers d'André; après quoi, il payera à Georges et à Nicolas Dritzehen 20 florins, et les 100 florins se trouveront ainsi payés, conformément à l'acte précité;

« Ce faisant, Guttemberg n'aura plus rien à démêler avec les héritiers d'André Dritzehen, par rapport à l'entreprise et à l'association qu'ils avaient formées ensemble. »

Le serment fut prêté par les trois associés, séance tenante, et Guttemberg, tirant de son escarcelle 20 florins, les remit à Georges Dritzehen, qui s'était donné beaucoup de mouvement dans ce procès, et qui avait même essayé d'influencer les dépositions des témoins jusqu'à dire à un d'eux : « Entends-tu, témoin ! il faut que tu parles, quand j'en devrais arriver avec toi à la potence ! »

Les actes de ce procès étaient un des documents les plus précieux de l'histoire de l'imprimerie; ils prouvaient clairement que dès 1437 Guttemberg avait découvert l'impression en caractères mobiles; que cette impression s'exécutait à Strasbourg dès l'année 1439, et que les livres qui allaient sortir de la presse étaient des *miroirs,* c'est-à-dire des exemplaires du *Speculum humanæ salvationis*, cet ouvrage pieux, à figures allégoriques, qui exerça l'industrie des premiers imprimeurs de la Hollande et de l'Allemagne.

Dans le texte de ces actes, on retrouve tous les

ustensiles nécessaires à l'imprimerie, avec les noms qu'ils portent encore aujourd'hui : la presse, les pièces, les vis, les formes. Ces quatre pièces couchées dans la presse, et qui doivent se décomposer dès qu'on desserrera les vis, ne sont-ce pas les caractères réunis en pages et disposés pour le tirage, qui se faisait alors par quatre pages à la fois ? Ces caractères n'étaient-ils pas fondus en étain ou en composition métallique, puisqu'on fournissait du plomb aux associés, puisque l'orfèvre Dunne travaillait pour eux, soit à graver des types, soit à les fondre ? Enfin, ces *miroirs*, ne sont-ce pas des exemplaires d'une édition du *Speculum*, qui aurait eu un immense débit parmi la foule d'étrangers attirés à Aix-la-Chapelle par le pèlerinage ?

Il ne reste plus maintenant qu'à découvrir quelle peut être cette édition du *Speculum* faite à Strasbourg par Guttemberg et ses associés, entre les dix ou douze éditions anonymes que l'on connaît et qui ont été imprimées vers la même époque, sans date et sans nom de lieu.

C'est aujourd'hui un fait incontestable que l'impression en planches de bois fixes, gravées en relief au canif ou à l'emporte-pièce, fut trouvée en Hollande, sans doute à Harlem, au commencement du quinzième siècle, et qu'elle ne se répandit que plus tard en Allemagne. On conçoit l'importance que l'inventeur attachait à la conservation d'un pareil secret, avec lequel on exécutait si rapidement, et à si bon marché, des estampes et des livres que l'on vendait très-cher, comme si ce fussent des manuscrits et des dessins. Guttemberg, suivant la *Chronique de Cologne*, publiée en 1499, avait deviné ce secret, en examinant les Donats qu'on imprimait en Hollande : une fois maître du secret, il le perfectionna, il l'exploita avec ses propres procédés. De là son association, à Strasbourg, avec Riffen, Heilman et Dritzehen.

On ne peut apprécier exactement les fruits que porta cette association, mais on a tout lieu de croire que l'édition strasbourgeoise du *Speculum* fut suivie de plusieurs autres éditions, exécutées mystérieusement, coloriées au pinceau, et vendues comme de véritables manuscrits enluminés, car là était le bénéfice de l'inventeur. Dès que l'imprimerie fut connue, on n'accorda plus à ses produits le prix qu'ils avaient eu, d'abord par suite d'une fraude commerciale, quand le livre imprimé passait pour écrit à la main. Voilà pourquoi la première souscription de livre qui fasse mention du nom de l'imprimeur et du lieu de l'impression, ne remonte pas au delà de l'année 1457, quoique l'imprimerie date réellement des tentatives de Guttemberg à Strasbourg.

Ainsi donc, après le procès que Guttemberg gagna en 1439, il continua d'exploiter sa découverte à Strasbourg, sans éclat et sans publicité, avec le concours de quelques ouvriers fidèles, parmi lesquels il faut reconnaître Jean Mentelin ; c'est là qu'il commença très-probablement l'édition de sa grande Bible latine, entreprise colossale qu'il alla ensuite continuer à Mayence avec deux nouveaux associés, Fust et Schœffer, qui ne vécurent pas longtemps en bonne intelligence avec lui.

Un acte authentique du notaire allemand Ulric Helmasperger, nous apprend la malheureuse issue du dernier procès intenté à Guttemberg par ses deux associés de Mayence :

« Fust assigna en justice Guttemberg, pour répéter la somme de 1020 florins d'or, provenant de 800 florins qu'il avait avancés à Guttemberg, selon la teneur du billet de leur convention ; de même que d'autres 800 florins qu'il avait remis à Guttemberg, en sus de sa demande, *pour achever l'ouvrage*, et d'autres 36 florins dépensés, et des intérêts qu'il lui avait fallu payer, n'ayant pas lui-même les fonds suffisants.

« Guttemberg répliqua que les premiers 800 florins ne lui avaient point été payés, selon la teneur du billet, tous et à la fois ; qu'il les avait employés, d'ailleurs, aux *préparatifs du travail ;* qu'il s'offrait à rendre compte des derniers 800 florins, mais qu'il ne croyait pas être tenu de payer les intérêts réclamés.

« Le juge ayant déféré le serment à Fust, et celui-ci l'ayant prêté, Guttemberg perdit sa cause et fut condamné à payer non-seulement les intérêts, mais encore la portion du capital, qui, d'après le compte fourni par lui-même, aurait été appliquée à son usage particulier. Ce dont Fust demanda et obtint acte du notaire Helmasperger, le 6 novembre 1455. »

Ah ! si le juge avait compris quel était ce *travail*, quel

était cet *ouvrage*, il n'eût peut-être pas condamné Guttemberg, qui se vit ainsi dépouillé de ses presses, de ses caractères et de son invention !

Ce fut sans doute pour le dédommager de cette cruelle et injuste sentence, que l'électeur de Mayence, Adolphe II, le combla d'honneurs, le pensionna et lui accorda le titre de chambellan.

Mais Guttemberg eut le sort des inventeurs : on lui disputa la gloire de sa découverte et on lui en ravit les avantages. Quand il mourut, le 24 février 1468, il avait pu voir déjà son admirable invention répandue par toute l'Europe, mais il trouvait à peine son nom mêlé aux éloges et aux actions de grâces que ses contemporains adressaient à ses élèves et anciens associés Fust et Schœffer : il dut maudire l'ingratitude et l'injustice des hommes, en chargeant la postérité de le venger. La postérité a prononcé : l'impression xylographique est restée l'invention de Laurent Coster, mais l'impression en caractères mobiles a été absolument réservée à Guttemberg; la première semble appartenir à la ville de Harlem et date des commencements du xve siècle, mais la seconde, que Mayence s'attribuait avec orgueil, doit être restituée à la ville de Strasbourg, qui se glorifiera toujours d'avoir été, en 1437, le berceau de l'imprimerie.

P.-L. Jacob, *bibliophile*.

UNE VENGEANCE

Le patriotisme des femmes d'Alsace et de Lorraine a été au moins égal à celui des hommes, et leur noble ressentiment contre nos ennemis a trouvé parfois, pour les frapper au cœur, des armes plus sûres que les chassepots et les canons.

Voici un fait dont je puis garantir l'authenticité.

Une dame de Strasbourg logeait chez elle deux officiers prussiens. Ces messieurs se plaignirent, comme des maîtres se plaignent, de n'avoir pas accès dans le salon de cette dame, et insistèrent pour être engagés à ses réunions d'amis. Le lendemain, ils reçoivent une invitation. Ils arrivent à huit heures; le salon était assez obscur, et à la lueur de la lampe unique qui l'éclairait, ils entrevirent dix femmes vêtues de noir et assises au fond.

La maîtresse de la maison, les voyant entrer, va à eux, les amène à la première de ces dames, et la leur présentant : « Ma fille, qui a eu son mari tué pendant le siége. » Les deux Prussiens pâlissent. Elle les amène à la seconde dame : « Ma sœur, qui a perdu son fils à Frœschwiller. » Les deux Prussiens se troublent. Elle les amène à la troisième : « Mme Spindler, dont le frère a été fusillé comme franc-tireur. » Les deux Prussiens tressaillent. Elle les amène à la quatrième : « Mme Brown, qui a vu sa vieille mère égorgée par les uhlans. » Les Prussiens reculent. Elle les amène à la cinquième : « Mme Coulmann, qui... » Mais les deux Prussiens n'ont pas la force de la laisser achever, et, balbutiant, éperdus, ils se retirent précipitamment, comme s'ils eussent senti tous ces crêpes de deuil tomber sur leur tête. On eût dit Mathan s'enfuyant devant l'anathème de Joad.

Connaissez-vous une plus terrible et plus patriotique vengeance?

E. Legouvé.

MARTIN SCHÖNGAÜER

DE COLMAR

ET L'INVENTION DE LA GRAVURE

I

Ces beaux pays que la nature a créés fertiles, que l'industrie avait enrichis, que la gloire des armes a illustrés, et qui, depuis deux siècles, défendaient comme autrefois, sous nos premières dynasties, les frontières de la Gaule, ces départements placés en avant-garde sont restés prisonniers de guerre ! Resserrer par l'évocation des souvenirs les liens qui les rattachent à la France, même dans la région rhénane qui traduit dans une autre langue des sentiments communs, c'est accroître des regrets que le temps ne doit jamais affaiblir. Pour glorifier ces populations captives, pour nous honorer nous-mêmes, ne devons-nous pas rappeler tout ce qu'elles ont fait de grand et de beau, avec nous, par nous et pour nous !

Sur le terrain militaire, la valeur de ces races énergiques et résistantes est incomparable : la liste des généraux célèbres de la Lorraine et de l'Alsace suffirait à la renommée d'une nation. Dans les arts mécaniques et industriels, où le génie des conceptions doit être réglé par le discernement qui permet de combiner avec succès les vastes entreprises, nos Alsaciens ont accompli des travaux constatés par la reconnaissance des États les plus productifs.

C'est dans le domaine de l'art, et en remontant le cours des siècles, que je désire signaler un des traits qui caractérisent le génie de nos frères de l'Alsace : la richesse de l'imagination qui fait les peintres comme les poëtes, unie à de puissantes facultés mathématiques, qui font les mécaniciens et les inventeurs.

Qu'était-ce que Guttembèrg et Jean Fust, ces enfants de la rive gauche du Rhin, allouée dès le temps de Jules-César au territoire de la Gaule ? L'un, un lettré probablement, car il était de race noble et s'occupait de typographie ; l'autre, un orfévre, comme la plupart des artistes de son temps. Leurs aptitudes mécaniques inventent l'imprimerie à Strasbourg, et comme cet érudit, comme ce tailleur d'images possèdent le sentiment des arts, ils s'élèvent d'un élan à la perfection des formes.

II

Vers le même temps (1450), à quelques lieues, un autre génie, un peintre de Colmar, accomplissait, pour l'art de la gravure, une création aussi admirable que celle de Guttemberg, Schœffer et Fust, avec cette différence que cet artiste était seul, qu'il a poussé à leur limite extrême les finesses du procédé, et que ses compositions offraient des chefs-d'œuvre qui, pendant un siècle, sauf en Italie, n'ont pas été dépassés. Guttemberg et ses associés ont produit une révolution plus considérable; mais, bien que moins connu, Martin Schöngaüer, appelé aussi Martin Schön ou le *beau* Martin, serait encore, lors même qu'il n'eût rien inventé, un des plus grands artistes du quinzième siècle.

Un tableau daté, qui est au musée de Sienne, et où Martin Schön s'est représenté jeune, fait supposer qu'il a dû naître vers 1420. On a peu de renseignements sur sa vie, et si M. Emile Galichon n'avait récemment donné sur cet artiste une notice excellente qui redresse les biographies antérieures, je serais réduit à des errements fautifs. Les Allemands, qui trouvent l'Alsace trop française pour ne pas s'efforcer de lui enlever ses grands hommes, ont revendiqué sans aucune preuve, au profit d'Augsbourg, Schöngaüer qui fut notoirement bourgeois de Colmar, qui y possédait en 1469, rue des Augustins, une maison dite du *Cygne,* qui y est mort le 2 février 1488, et qui a légué à Saint-Martin de Colmar cinq sols pour son anniversaire et neuf pour celui de son père. Le registre des Obits le qualifie : *pictorum gloria.* Ses frères avaient dans la même ville deux autres maisons, où Albrecht Dürer les visita en 1698. Ce dernier a passé pour être son élève : mais il a dit à Scheurl, qui le rapporte : « Je n'ai jamais eu le bonheur de le voir. »

Schöngaüer était dans la maturité de l'âge et du talent vers 1450. Or, en 1452, tandis qu'il publiait d'après ses compositions les premières gravures sur cuivre, sans les dater, un orfévre florentin plus jeune de six ans, Maso Finiguerra, qui ciselait des nielles avec Antoine Pollaiuolo pour une Paix conservée au Trésor du Dôme, trouvait un moyen d'imprimer ses niellures sur le papier. Vers le même temps, un artiste inconnu a daté une gravure en taille-douce que l'on possède encore. Les amateurs le dénomment : le Maître de 1466. La pièce de Finiguerra a le style, l'inspiration séraphique d'un Fra Angelico; le Maître de 1466 procède avec moins de souplesse, et son dessin a de la dureté. Les planches connues de Schöngaüer, le premier qui adopta un monogramme, sont au nombre de 116; l'art du graveur y atteint la perfection. Une seule est datée : l'*Adoration des Mages* (1482).

Tout concourt à démontrer que Finiguerra et Martin Schön ont simultanément, l'un à Florence, par déduction, l'autre à Colmar, par une suite d'essais, réalisé la même invention; mais le premier n'a fait que reproduire les nielles (*nigellæ*) de ses joyaux : plus tard, Bacio Baldini et Botticelli ont, les premiers en Italie, imprimé des estampes.

III

Martin Schöngaüer les avait devancés. L'art de la gravure en taille-douce, ses progrès, son épanouissement, son exploitation, tout part de lui, et ce qui le prouve, c'est le rapide essor de sa renommée. Nicoletto de Modène, et Gherardo de Florence lui ont fait des emprunts ; Michel-Ange a copié sa *Tentation de saint Antoine;* Pérugin lui écrivait; Vasari le cite sous le nom de Martin d'Anvers ; Raphaël a pris une figure dans le *Spasimo* de Martin Schön ; Antonio Bazzi, de Sienne, lui en a dérobé une autre que j'ai reconnue dans sa *Descente de Croix ;* Albrecht Dürer, dans sa *Fuite en Egypte* et dans sa *Vierge au Papillon,* a reproduit deux personnages du beau Martin. Les premiers imprimeurs de Paris ont imité ses planches et parfois copié ses peintures. La *Pietà*, de l'église de Compiègne, est une assez faible copie de notre artiste.

Ses planches, ai-je dit, sont d'un burin irréprochable et d'une finesse rare. A mesure que le maître devient plus habile, ses tailles prennent de l'accent et de la profondeur sans devenir moins délicates ; les demi-teintes y sont ménagées avec une douceur qui rend le modelé parfait. Son style est profondément français par la grâce, par le mouvement dramatique, par les attitudes élégantes et l'ajustement des figures. L'artiste se rattache à l'école bourguignonne qui, créée dans la Flandre par les derniers ducs, florissait à Bruges sous le pinceau de Van Eyck et de Hans Memling. Comme ce dernier, Schöngaüer recherche ces types mauresques que les navigateurs de la Venise du Nord avaient amenés des côtes d'Afrique récemment découvertes. Martin Schön excelle à rendre les scènes d'émeutes populaires, les drames de la vie publique : sa série du *Chemin de la Croix* offre une suite de spectacles saisissants ; celle des *Vierges sages* et des *Vierges folles* fait défiler un cortége de beautés qui rappellent les étoiles de la cour à la veille de nos règnes galants sous les Valois. Ses architectures ogivales sont françaises ; il ne manque aucune occasion de mettre nos emblèmes, les lis en fleur, au premier plan de ses tableaux.

Pour le rattacher à notre inspiration nationale, il suffit de le comparer à Albrecht Dürer, plus transcendant comme ouvrier, car il est venu plus tard ; mais dont le goût tudesque, empreint d'un mysticisme confus, hiéroglyphique, ne recule ni devant la laideur, ni devant la difformité. L'Alsacien a été nourri par la muse latine ; le Nurembergeois, épris de la force, tombe dans la violence et la dureté.

IV

Les tableaux de Martin Schön sont rares : ne parlons ni de celui de Londres, ni de celui de Madrid, qui ne sont pas authentiques, et bornons-nous à mentionner ce qui est incontestable : un reste de fresque au-dessus d'une porte dans la cathédrale de Strasbourg, quatre panneaux conservés à Munich, et la *Mort de la Vierge* qu'on admirait naguère à Paris dans la collection Beaucousin. Charles Ier a possédé ce chef-d'œuvre de sentiment, de couleur et d'exécution. Bâle conserve un dessin à la plume du beau Martin. Colmar est plus richement dotée : outre quatre peintures provenant du couvent d'Isenheim, je me rappelle une *Madone* assise. L'enfant Jésus lui jette ses bras autour du cou ; elle se détourne à demi, triste et attendrie, comme atteinte d'un pressentiment douloureux. Deux anges, dignes de l'école ombrienne, suspendent une couronne au-dessus de ce groupe adossé à un treillage orné de pampres fleuris et d'oiseaux. Cette peinture est d'un faire lisse et poli, où les touches ne sont point visibles ; le ton général en est *monté*, vigoureux ; les accessoires sont exécutés avec une exquise vérité. L'œuvre porte le millésime de 1473.

Martin Schön, deux siècles avant que l'Alsace fût rendue à la France par un traité que l'Europe a trois fois ratifié, affirmait déjà la nationalité originelle du pays, et il est à remarquer que, dès le moyen âge, le génie français régna par les œuvres d'art, non-seulement sur la rive gauche du Rhin, mais au delà, partout où le vent occidental a pu souffler. Les cathédrales de Fribourg en Brisgau, de Francfort, d'Augsbourg, colonie romaine, sont françaises comme celles de Strasbourg et de Mayence. Ces églises, en effet, ont été créées bien loin du cœur de l'Allemagne, à son extrême frontière, et tandis qu'au centre de la France les monuments antérieurs du même style foisonnent, au centre de l'Allemagne il n'y a rien.

V

Sans remonter aussi haut, comment nier l'influence de la pensée française, de notre goût, de la clarté de nos méthodes et de la lumineuse vivacité de nos créations, quand on compare, à travers la brumeuse Germanie du Nord, les hommes marquants nés en terre gauloise ou que le soleil de la France et de l'Italie a atteints dans leur berceau plus lointain, avec ceux qui, sans commerce d'idées avec les races latines, sont restés absolument tudesques ?

Les premiers se nomment Goëthe, Leibniz, Chamisso, Wieland, Léopold Ranke, Savigny, Humboldt, Liebig, Beethoven, Henri Heine, Schiller, Winckelmann, Mozart, Gluck, Meyerbeer. Les autres, garrottés par des systèmes bizarres, dogmatiques à outrance, mariant le burlesque aux prétentions à la profondeur, dissertant à perdre haleine, ne cherchant à classer que pour embrouiller davantage, s'admirant d'être inintelligibles, ou stupéfaits de leur génie quand ils parviennent à ne se plus comprendre eux-mêmes, stériles dans l'art, songe creux, qui ne peuvent chanter ni en poésie ni même en musique, les autres, dis-je, bâtiront sur un paradoxe ou une singularité, tout un corps de doctrine, et devenus illustres à force de ténacité ou par la grandeur inhérente aux mystérieuses conceptions, ils se feront gloire de défier la perspicacité du vulgaire. Jean-Paul Richter va du sublime au grotesque dans d'éternelles ténèbres ; Hégel disait que pas un de ses disciples ne l'avait compris; Klopstock, à qui l'on demandait le sens d'une strophe de la *Messiade*, répondait : « J'ai dû l'entendre à l'heure où je l'ai écrite..... » Sur la fin de sa vie, Kant accusait Fichte, qui avait voulu l'expliquer en le continuant, de ne l'avoir jamais compris; mais, aussi obscur à son tour que l'auteur de l'*Idéalisme transcendental*, l'immortel Kant est devenu trop transcendant pour les Allemands d'aujourd'hui. Un Français, un professeur de Dijon, M. J. Tissot, l'a traduit en l'élucidant, il y a quelques années. Alors la Prusse a retraduit en allemand cette translation clarifiée par la France, et c'est le *Kant* de M. Tissot qui est classique à présent dans les universités germaniques. On n'a point à apprécier, et pour cause, les architectes, ni les peintres, ni les compositeurs purement tudesques et en rupture avec les traditions des peuples initiateurs.

VI

Ce qui les perd, ce qui va les achever, c'est leur aversion croissante des races et des inspirations latines, sources véritables du beau et du vrai, de l'harmonie, de la concision et de la clarté. Pour anéantir Tite-Live et Tacite, Mommsen, substituant le vide aux traditions, a construit sur des conjectures un fatras historique où tout est nié sans que rien puisse être affirmé; les philologues d'outre-Rhin se plongent dans les minuties des découvertes antérieures, délaissées chez nous comme déductions parasites trop accablantes pour la mémoire ; — mais ne faut-il pas paraître plus savant que la France !... Wagner a prétendu distancer Meyerbeer et vaincre l'Italie : il lui a fallu à tout prix ne ressembler à personne, ce qui produit quelquefois des œuvres qui ne ressemblent à rien. En ce moment même, un critique prussien étudie dans nos bibliothèques les peintres allemands, afin d'établir que le mouvement de la Renaissance est parti des contrées germaniques, et que Dante, Giotto, Ghiberti, Fra Angelico, le Pérugin, Germain Pilon, Memling, etc., sont des disciples de l'Allemagne. Et nous, généreux étourdis que nous sommes, nous publions à Paris, dans un recueil français, ces monuments de l'envieuse impuissance !

Revendiquer des grandeurs séculaires au profit de l'Allemagne, symbolisée par une Prusse qui n'existait pas et qui n'a rien produit, c'est là une tâche ingrate; ces partageux de notre gloire le sentent au fond, car, dans nos contrées envahies, ils se sont encore moins plu à s'approprier qu'à détruire. Ce qu'ils anéantissaient, en Alsace aussi bien qu'à Meudon et à Saint-Cloud, c'étaient, ils le savaient, des monuments du génie et de l'art français.

Devant Rome, en 1849, notre armée a subi un échec pour avoir tenté la brèche du côté du Janicule, très-difficile à enlever. Mais ces soldats de la civilisation voulaient, au prix de leur sang, tenir à l'abri des projectiles les édifices de la ville sainte. A Strasbourg, que les

Prussiens espéraient garder, ils ont avec une inutile barbarie bombardé la cathédrale ornée des statues de nos rois, incendié Saint-Thomas où Pigalle avait élevé le tombeau du maréchal de Saxe, et anéanti avec acharnement cette splendide bibliothèque où, depuis le XIIe siècle, l'art français-alsacien avait laissé des merveilles, uniques parfois, comme l'*Hortus deliciarum*, de l'abbesse Herrada de Landsperg. C'est une terre à jamais ennemie que celle où l'envie survit à la conquête...

Vengeances vaines! l'âme de la France est toujours là : jusqu'au cœur de vos provinces mal soudées, son souriant et gracieux prestige est ineffaçable. Rejetons des Vandales, vous le retrouverez partout; vous le reconnaîtriez même à Berlin, ce décor de notre décadence classique érigé par votre roi-philosophe, sous l'influence de Voltaire, et accommodé comme pour une représentation d'*Agathocle* ou de *Brutus*, travestis à l'antique avec des mouches et des perruques à frimas !

Francis Wey.

LES
OEUFS DE PAQUES

Notre dernier jour de fête, en Alsace, a été le dimanche de Pâques de l'année 1871. Triste fête pour ceux qui avaient l'âge de comprendre et de souffrir ! Nous étions envahis et occupés militairement depuis sept ou huit mois ; l'Assemblée nationale venait de nous sacrifier au salut de la France. On savait qu'à l'automne de 1872, il faudrait quitter le pays, dure nécessité, ou devenir sujets prussiens, c'est-à-dire accepter la dernière des hontes. Les nouvelles de la patrie étaient navrantes : Paris, ivre ou fou, se défendait à coups de canon contre l'armée de la France. Chaque matin, les Allemands nous annonçaient une victoire de l'insurrection. Avec cela, nous étions pauvres, plus pauvres que je ne l'avais jamais été, quoique j'aie connu dans ma jeunesse la vraie misère. Les réquisitions et les garnisaires avaient épuisé nos ressources ; l'argent qu'on nous devait en France ne rentrait pas ; personne ne payait plus ; la question du pain quotidien devenait menaçante. Par bonheur, les enfants ne se doutaient de rien ; ils jouaient du matin au soir et dormaient du soir au matin, avec cette insouciance qui est la sagesse de leur âge. Leur unique tracas, le sujet de tous leurs entretiens était la matinée de Pâques : ils ne s'inquiétaient que de savoir si le lièvre pondrait beaucoup d'œufs rouges dans l'enclos.

C'est le lièvre, un lièvre invisible et providentiel, qui pond les œufs de Pâques pour la joyeuse marmaille d'Alsace. Ce dogme est si profondément ancré dans les esprits de trois à dix ans, que pas un sceptique de cet âge ne demande à papa ou à maman pourquoi les œufs sont rouges ou bruns, pourquoi ils sont tout cuits, pourquoi le lièvre pond des œufs de sucre, de chocolat ou de cristal pour les familles riches, et pourquoi même, en certains cas, le prodigue animal dépose des œufs de porcelaine peinte dans des coquetiers de vermeil.

Nos chers enfants avaient peut-être entendu conter ces miracles ; mais n'étant gâtés ni par nous ni par la fortune, ils étaient tous d'humeur à se contenter de moins. Chacun fit de son mieux pour combler leurs modestes désirs. Les poules de Cochinchine et de Crèvecœur pondirent des œufs de belle taille ; la cuisinière, en grand secret, les teignit de couleurs éclatantes; un des meilleurs élèves de Gérôme, notre ami Heller, qui devait bientôt émigrer à New-York, en décora quelques-uns d'illustrations patriotiques; il métamorphosa notamment en soldat prussien un bel œuf plus pointu que les autres, et sur la visière du casque il écrivit : *Schweinpels! Schweinpels* (fourrure de cochon) est le sobriquet pittoresque dont les bambins d'Alsace poursuivent le vainqueur.

Le dimanche, de grand matin, lorsque les cloches, revenues de Rome, sonnaient à toute volée sans déranger nos chers petits, le jeune artiste, ma femme et les deux gouvernantes, dont l'une a émigré l'année suivante au Mexique, préparèrent les nids dans notre vieil enclos inculte et presque abandonné. On les éparpilla sur le revers de la colline abrupte, depuis la glacière sans glace jusqu'à la pièce d'eau sans eau. Ils en mirent dans les touffes d'herbe, dans les iris, dans les bellis, au pied des petits épicéas que nous avions plantés en 1869, et que nous ne verrons pas grandir. Aux branches basses de certains arbres, on suspendit en manière d'ornement une ou deux douzaines de breschtelles; ce sont des gâteaux secs, faits de farine, de sel et de cumin; ils se vendent quelques centimes.

Ces grands préparatifs étaient à peine achevés quand les enfants, éveillés avant l'heure par l'attente d'un plaisir, accoururent demi-vêtus, les pieds dans la rosée, la tête nue sous le soleil. Ah! la joyeuse matinée! Les bons cris de surprise! les beaux éclats de voix et les brillantes querelles! Figurez-vous quatre bébés du même âge, ou peu s'en faut, puisqu'ils sont nés en moins de quatre ans, montant à l'escalade sur une pente rapide, ardents à se devancer, mais toujours prêts à se soutenir, à se pousser et à se ramasser les uns les autres; chacun voulant tout prendre et finissant par tout partager!

La découverte du *Schweinpels* fut un événement politique. Personne ne voulait du Prussien ; on tint conseil de guerre autour de l'œuf maudit, et l'on finit par le lancer contre un petit mur de pierres sèches où il s'éparpilla en miettes. Mais voici bien une autre affaire. Un lièvre, un vrai lièvre vivant, était gîté à quelques pas : il bondit effaré, les cuisses droites, grand, fantastique et superbe, s'élança comme un trait, et franchit la haie qui sépare notre enclos de la forêt communale. Un concert de cris aigus salua cette apparition d'autant plus miraculeuse que nul de nous ne l'avait préparée. Le hasard seul, un hasard bienveillant et malin, s'était donné la peine de prouver à notre petit monde que le lièvre pond des œufs durs, et qu'il n'ose pas affronter les regards des braves gens, quand il a pondu un œuf prussien par mégarde.

Cette heureuse matinée se termina par un repas frugal, où tous les œufs, sauf le maudit, furent mangés en salade.

L'année suivante, à la fin du Carême, nous étions redevenus Parisiens, bien malgré nous. Les enfants me demandèrent avec une certaine anxiété dans quel enclos le bon lièvre de Pâques irait pondre les œufs qu'il leur devait. Je répondis à tout hasard que le Jardin d'acclimatation, où nous allons souvent nous promener, était un terrain convenable.

« Mais papa, il n'y a pas de lièvres au Jardin d'acclimatation?

— Il y a des kanguroos, et ces braves animaux, dans la poche énorme que vous savez, gardent de plus gros œufs que le lièvre de Saverne.

— Oui, mais il ne nous connaît pas, le kanguroo !

— Écrivez-lui de votre plus belle écriture. »

L'administration des postes, en cherchant bien, retrouverait dans ses rebuts une lettre soignée, à l'adresse de M. le Kanguroo. Elle se termine par ces mots : « Nous t'embrassons cordialement. » Suivent quatre signatures, dont une, la dernière, est peu lisible.

Persuadé que le Jardin d'acclimatation, ce paradis des enfants bien élevés, serait envahi de grand matin le dimanche de Pâques, j'avançai la fête d'un jour. Une servante nous précédait avec un grand panier rempli de pain pour les bêtes. Ce pain cachait les œufs, de magnifiques œufs de carton. Elle les déposa dans l'herbe, au pied de quelques arbres verts, dans un bosquet voisin des écuries, et les enfants les y trouvèrent avec un plaisir assez vif. Mais ni les beaux cartonnages bleus et rouges, ni les poupées et les joujoux que j'y avais enfermés, n'effacèrent l'impression des pauvres œufs pondus chez nous par le lièvre de Saverne. On reconnut les étiquettes de Giroux, et, tout en bourrant de pain les marsupiaux d'Australie, ma fille aînée me dit : « Comment cet animal sortirait-il d'ici pour courir les boutiques, et où prendrait-il de l'argent? Avoue, papa, que cette année tu as été un peu le kanguroo? »

J'ai voulu faire mieux, et je n'ai pas réussi davantage. On a organisé une fête où les petits amis étaient conviés, garçons et filles. Deux figurants d'un grand théâtre, travestis l'un en coq, l'autre en poule, accueillaient les enfants dans l'antichambre et leur ôtaient les manteaux. Sur la table de la salle à manger, brillamment illuminée en plein midi, une énorme dinde de carton, machinée par un habile homme, battait des ailes, tournait la tête, et pondait à profusion des œufs blancs, jaunes, rouges et dorés, tous en sucre.

Si je disais que ce jeu n'amusa pas mes enfants comme leurs petits amis des deux sexes, je mentirais. Mais, quand ils furent seuls, le soir, dans le coin d'appartement qu'ils habitent, ils ne parlèrent que du lièvre de Saverne et des œufs rouges de l'enclos.

« Quand retournerons-nous là-bas? disait le petit Pierre. Nous y sommes nés, c'est chez nous.

— Oui, répondit la sœur aînée. Mais il faudra d'abord que tu te fasses casser la tête par les Prussiens.

— C'est convenu, mais je tâcherai d'abord de leur casser la tête moi-même. »

Ainsi soit-il. Pauvres petits!

Edmond About.

A L'ALSACE

UN SOUVENIR ET UNE ESPÉRANCE

On me demande mon offrande pour l'Alsace. On me convie à me joindre, par quelques lignes au moins, à ce long et brillant cortége d'écrivains et d'artistes qui par la prose et par les vers, par le burin et par la plume, par la couleur et par l'harmonie, viennent déposer aux pieds de la noble victime les sentiments, les pensées, les vœux, les sympathies, les colères, les indignations et les encouragements de la France. Cortége de deuil, mais non cortége de désespoir; qui gémit sur le passé, mais qui en appelle à l'avenir; et comme le Christ, au lit de la jeune fille déjà pleurée de son père et de ses amis, s'écrie, en écartant les mains sinistres des embaumeurs et les psalmodies non moins sinistres des endormeurs : « Arrière! Celle-ci n'est pas morte. Attendez seulement, et vous la verrez marcher devant vous de nouveau dans sa force et dans sa beauté. »

Un moment j'ai hésité à répondre à cet honorable appel. Que peut mon obscure obole, me disais-je, parmi tant d'or et de perles jetés comme à pleines mains par les plus riches? Que dire qui n'ait été dit, et mieux dit? Qu'importent quelques soupirs et quelques larmes de plus?

> Car, hélas! en ce temps d'opprobre et de douleurs,
> Quelle offrande sied mieux que celle de nos pleurs?

Mais j'ai songé à ce denier de l'indigence, non moins précieux devant le regard qui voit tout que les abondantes largesses de l'opulence. J'ai songé à cette goutte d'eau qui, impuissante par elle seule, participe, en se mêlant aux autres dans les flots du fleuve, à la puissance féconde du courant. Et, remontant par le souvenir dans le passé, m'élançant, par l'espérance, vers l'avenir, j'ai essayé de retracer, comme je le sens, et comme je l'ai senti, ce que j'ai éprouvé jadis en foulant le sol libre alors de l'Alsace heureuse et respectée, ce que je ne renonce pas à éprouver quelque jour en saluant de nouveau le sol redevenu libre de l'Alsace affranchie et glorieuse.

Que l'Alsace accepte donc, pour si peu qu'elles vaillent, l'offrande de ce souvenir et l'offrande de cette espérance.

I

Le souvenir est simple; et il est triste, à cette heure au moins, et grâce à ce qui a suivi.

C'était il y a quatre ans à peine, vers les derniers jours de 1868. J'étais venu en Alsace, attiré par des mains amies; et j'y étais venu pour travailler avec elles, s'il était possible, à écarter, à dissiper ces *points noirs*, ces nuages gros de larmes et de sang que — trop prévoyants, mais trop peu écoutés, hélas! — nous ne nous lassions pas de signaler à l'horizon, et qui bientôt allaient éclater sur nos têtes. Je rêvais, nous rêvions — était-ce bien un rêve irréalisable alors? — une ère prochaine de fraternité, de travail et de justice. Et, pour hâter l'avénement de cette ère bénie, pour achever de terrasser le vieil esprit acharné à nous maintenir dans l'ornière maudite de la discorde et de la haine, nous nous efforcions de faire appel à ceux qui étaient, selon nous, les véritables intéressés, à ceux qui devaient être aussi, selon nous, puisqu'il s'agissait de leurs destinées, les véritables maîtres.

La chose n'était pas facile toutefois; car ceux qui avaient eu, jusqu'alors, ce que l'on a trop justement appelé « le plein pouvoir de l'or et du sang »; ceux qui croyaient qu'il était de leur intérêt ou de leur dignité de ne laisser ni entamer ni mettre en question la redoutable plénitude de ce pouvoir ; ceux-là ne se souciaient pas que l'on enseignât aux hommes à se demander pourquoi ils se déchirent et à calculer ce qu'il en coûte de se déchirer. Ils allaient plus loin ; ils prétendaient que c'était un besoin, presque une satisfaction pour les hommes, de se ruer ainsi périodiquement les uns sur les autres; et l'on m'avait affirmé — dans des régions soi-disant bien informées et qui assurément auraient dû l'être — qu'à oser seulement insinuer le contraire, je courrais, dans tout l'est de la France, le risque d'être moi-même mis en pièces.

La réalité, je dois le dire, ne répondait guère à ces affirmations. On m'avait représenté l'Alsace comme ne respirant que combats et conquête, contenue à grand' peine par la sagesse et la modération d'une politique à la fois patiente et ferme. Et je trouvais dans toute l'Alsace le sentiment le plus vif et le plus passionné de l'indépendance, l'amour le moins équivoque de la grande patrie française, la plus ferme résolution à regarder en face les dangers, quels qu'ils pussent être, d'une agression du dehors; mais j'y trouvais en même temps la répugnance la moins dissimulée à porter au dehors l'agression, le plus sincère et le plus énergique désir de continuer à vivre en paix en laissant vivre en paix le reste du monde.

On m'avait dit que, sur les deux rives du Rhin, les

populations, lasses de se supporter, n'attendaient plus qu'une occasion pour donner un libre cours à des rancunes trop longtemps comprimées. Et je trouvais, à Strasbourg aussi bien qu'à Mulhouse, dans la ville savante et militaire aussi bien que dans la ville industrielle, les populations des deux rives mêlées à toute heure par les relations d'études, d'affaires, de famille. Les monuments mêmes semblaient prendre une voix pour parler ce langage d'apaisement et d'union. A côté du vieux pont de bateaux, emblème précaire des rapports à tout instant interrompus du passé, je voyais se dresser cet admirable pont de Kehl, jeté à frais communs, comme un trait d'union indestructible, au-dessus des fureurs des plus hautes eaux, et comme les intérêts nouveaux et permanents qu'il était destiné à servir, enraciné par-delà les couches mouvantes de la surface, dans le roc qui demeure éternellement.

Et tels étaient bien en effet les intérêts, les vœux, les aspirations des peuples. Ils allaient, passant et repassant, comme les corbeaux des deux rives, au-dessus du fleuve béni de la civilisation occidentale, voisins, amis, parents, ne songeant pas la plupart du temps à se demander s'ils étaient nés sur celle-ci, ou s'ils devaient mourir sur celle-là. Il y avait une différence cependant, et quelques-uns, en me montrant ces libres troupes d'oiseaux mêlées au-dessus des eaux, me la signalaient en hochant la tête.

« C'est que ces corbeaux, disaient-ils, n'ont pas comme

nous, pour leur crier qu'ils ne sont pas du même village, des rois et des empereurs qui rêvent de commander à un plus grand nombre de corbeaux. »

II

Au-dessus de ces peuples, en effet, — travaillant et travaillant ensemble, — il y avait des personnages dont les intérêts vrais ou supposés tendaient à substituer à cette vie régulière de la paix les secousses violentes de la guerre. Il y avait des intrigues, des jalousies, des amours-propres, des cupidités, des rancunes. Il y avait des souverains qui sentaient le sol se dérober sous leur trône ; et il y avait d'autres souverains auxquels ne suffisaient plus ni la puissance la plus incontestée, ni des titres que n'avaient pas toujours portés leurs aïeux.

Aux uns et aux autres, pour jouer cette partie dont l'humanité est l'enjeu, il fallait un prétexte. Ils le trouvèrent.

Un peuple, des affaires duquel ils n'avaient, pas plus les uns que les autres, le droit de se mêler ; un peuple qui a jugé à propos depuis de supprimer, comme trop fragile et trop peu sûr, le rouage monarchique, était alors à l'état des grenouilles qui demandent un roi. Au lieu de le laisser, suivant son caprice (et sauf à faire une sottise et à s'en repentir le lendemain), se pourvoir tantôt d'un soliveau et tantôt d'une grue, on crut l'occasion bonne, ici pour placer et là pour écarter tel ou tel des candidats offerts sur le marché. Sur quoi, et sans plus d'éclaircissements, les chancelleries et les parlements furent mis en mouvement. On inventa, on fabriqua, on falsifia, comme à l'envi, des faits, des documents et des déclarations de tout caractère, depuis des approvisionnements fantastiques d'hommes, de canons et de boutons de guêtres, jusqu'à des outrages officiels dont l'existence n'était pas plus réelle et ne fut pas davantage contrôlée. Et, ce dossier de pièces mensongères à la main, on vint dire aux peuples qui n'y comprenaient rien, aux peuples qui ne pouvaient pas deviner quel intérêt ils avaient dans tout cela, aux peuples qui, des deux côtés (les enquêtes officielles sont là pour l'attester), ne demandaient qu'une chose, l'éloignement des menaces de guerre..., on vint leur dire, à la face de leurs représentants muets, à la même heure et presque dans les mêmes termes : « Marchez, on vous insulte, on vous attaque, la patrie est en danger. Il ne s'agit plus de délibérer et de discuter, il s'agit de défendre contre le flot envahisseur qui s'avance votre honneur, votre existence même et l'intégrité de vos foyers. » — Et les peuples marchèrent. Et pendant de longs mois, avec une méthode et l'on pourrait dire une conscience dont on n'aurait pas cru que la passion et la violence pussent être capables, la dévastation et le carnage furent promenés sur le monde. L'Allemagne et la France, avec des vicissitudes bien diverses, connurent l'une et l'autre le deuil et la ruine ; l'Europe consternée se sentit ébranlée jusque dans ses fondements; et l'on put se demander, à la vue de tant d'horreurs, si les progrès de la science et de l'industrie n'étaient destinés qu'à fournir à la férocité humaine des armes plus terribles, et si une barbarie nouvelle, la barbarie civilisée, n'allait pas tout engloutir.

Et pour fruit de tout cela, un roi est devenu empereur; un empereur est tombé dans la boue ; un comte déjà duc, par la grâce de semblables hautes œuvres, est devenu prince — prince du sang, a pu dire le cri de l'humanité révoltée — de la main de son très-fidèle et très-reconnaissant maître et serviteur. La capitale de la France, affamée, martyrisée, affolée, réduite de propos délibéré « à cuire dans son jus », a connu tour à tour ou tout à la fois toutes les souffrances et tous les crimes. La capitale de la Prusse, gorgée des honteuses dépouilles du pillage et des réquisitions, a vu s'accroître, à côté d'une opulence maudite, la misère, la démoralisation et les passions anti-sociales auxquelles elle se félicitait d'avoir livré sa rivale. Nos provinces, déjà ravagées par le fer et par le feu, ont été rançonnées, occupées, gardées en otages ; et nous t'avons vue enfin arrachée violemment de nos bras, pauvre Alsace, y laissant au moment suprême, avec tes affections, tous ceux de tes enfants qui ont pu, le cœur déchiré, quitter le sol natal (1).

Et maintenant te voilà écrasée, humiliée, saccagée, atteinte dans ta population, dans ton industrie, dans tes études, dans ta langue, dans tes monuments, dans tes souvenirs. Te voilà, Vénétie de l'Allemagne du Nord, attachée, comme jadis la Vénétie de l'Allemagne du Sud, aux flancs ensanglantés de ton vainqueur, qui sent cruellement déjà, qui sent trop tard sa faute, sinon son crime, mais qui, dans sa confusion, ne sait que l'aggraver par de nouvelles fautes et de nouveaux crimes, au lieu de la reconnaître et de la réparer.

III

Il faudra bien pourtant qu'il la reconnaisse un jour, et qu'il la répare. Et il le fera, c'est là mon espérance, après mon souvenir. Mais comment? Sous quelle

---

(1) Au moment même où nous écrivons ces lignes, nous trouvons dans le *Journal de Lyon* (20 février 1873) le chiffre officiel des options, tel qu'il est fourni par un document publié par l'administration allemande. Il est, pour la haute Alsace seulement, de 91,962. — 75,260, sur ce nombre, ont été déclarées nulles; mais, reconnue ou non, la volonté des optants n'en est pas moins formelle; elle l'est d'autant plus qu'elle rencontre plus d'obstacles.

influence? Sera-ce sous la pression de la force brutale, en vertu de ce droit, le seul qu'à cette heure il admette et proclame, le seul qu'il puisse invoquer pour te détenir en servitude, le droit de la force, *de la force qui prime le droit* (1).

Non, pauvre Alsace, non, comme le poëte de la Pologne, le noble Krazinski, je te dis : « Non ; pas avec ces armes. Dans l'histoire du monde, le sacrifice est un lion invincible ; mais le crime, c'est la balayure que le vent emporte en passant. » Non, comme ton propre fils, ce généreux chantre de *l'Alsace en deuil* (2), réduit à répéter, loin des fleuves de la patrie, les courageuses lamentations qui troublaient le sommeil de tes oppresseurs, je te dis : Non, pas avec ces armes. Non, pas par ce glaive qui blesse et ne guérit pas, et ne fait trop souvent que « sanctionner » ce qu'il imite. Non, pas par « la force brutale qui provoque la force brutale et la légitime », par la violence qui détruit et ne fonde pas. Mais par la vraie force, seule capable de *mettre un frein à l'esprit de conquêtes, d'en réviser les actes et d'en redresser les injustices*, par la force du droit, du vrai

---

(1) On sait avec quelle surabondance de preuves, à l'occasion du récent discours de M. le procureur général Renouard, un journaliste prussien, aussi maladroit qu'officieux, s'est plu à mettre hors de toute contestation la haute paternité, tant de fois répudiée en vain, non de la formule sous laquelle cette doctrine a été baptisée, mais de la doctrine elle-même.

(2) *L'Alsace en deuil*, par le pasteur Lichtenberger. Discours prononcé à Strasbourg.

droit, du droit nouveau, né « du rapprochement graduel et de la sainte alliance des peuples, par delà les égoïstes ambitions qui cherchent à les diviser » ; par ce droit qui consacrera bientôt la sainte indépendance, l'imprescriptible autonomie des populations, et pour lequel ton injustifiable martyre crie jour et nuit devant Dieu et devant les hommes !

IV

Et qui donc plus que toi, depuis qu'est engagée ici-bas la grande lutte du droit et de la force, a souffert de l'application du droit de la force ? Qui, plus que toi, doit aspirer au règne de la force du droit ?

Tour à tour champ de bataille et enjeu de toutes les luttes et de toutes les convoitises ; une première fois enlevée à la France par l'Allemagne (si toutefois en ce temps il y avait une France et une Allemagne), reprise par la France, et de nouveau reprise par l'Allemagne ; arrachée comme un arbre qu'on déplante aussitôt qu'il commence à s'enraciner ; déchirée, souillée, dévastée tour à tour par les incendies de Turenne et par ceux de Werder : sur toi semblent s'être accumulées toutes les colères et toutes les abominations. Et en toi, en même temps, semblent s'être concentrés tous les mérites et toutes les vertus. Laborieuse, honnête, instruite, courageuse et patiente, amie de la paix et forte dans la guerre, reine à la fois par l'industrie et par la science, la première dans cette marche en avant par l'instruction, par l'économie, par la moralité, qui seule peut nous conduire au bon emploi de la richesse et à la diminution de la pauvreté; tu semblais placée entre des races aveugles et ennemies, au milieu d'une civilisation hésitante et troublée, comme une lumière, comme un point d'appui et comme un exemple. Ni les uns ni les autres, dans leurs emportements, n'ont su le comprendre. Et les uns et les autres ont été insensés et coupables ; coupables envers toi, coupables envers eux-mêmes. Et la France et l'Allemagne, si elles savent être justes et clairvoyantes, ont à s'humilier sous le poids de leurs torts envers toi. Et l'Europe peut-être n'a pas moins sujet de le faire. L'Europe, indignée, mais hésitante, qui a laissé, par égoïsme, se consommer l'iniquité, après avoir, par oubli de ses devoirs et de ses engagements, laissé grandir le feu qu'il ne tenait qu'à elle d'étouffer dès sa naissance. L'Europe, qui a accepté sous le nom de paix une trêve grosse peut-être de la plus universelle et de la plus épouvantable des guerres, et qui n'a pas craint, comme si ce n'était pas assez de l'indestructible victime de 1772, de laisser établir, au centre même du corps européen, une nouvelle Pologne, dont les convulsions, tant que justice ne lui sera pas rendue, ne laisseront de repos ni à sa conscience, ni à ses intérêts.

A une faute commune, il faut une réparation commune. Tous y ont participé; que tous participent au tardif remords et à la sagesse tardive qui seuls peuvent en effacer lentement les traces. Que sous la pression de l'opinion des Deux Mondes, à la voix de l'Europe confuse et repentante, les bons te voient te relever, comme Juliette sortant de son tombeau, et que les méchants étonnés te contemplent pour leur châtiment, plus belle et plus vivante, resplendissante comme un phare lumineux devant lequel s'évanouissent, avec les ténèbres, les piéges, les tentations et les fantômes.

Qu'à tes pieds tous, d'un commun accord, viennent réclamer l'oubli de leurs erreurs et de leurs crimes, en te rendant à toi-même. Qu'ils fassent davantage; qu'ils te déclarent, au nom de tes malheurs, au nom des enseignements de l'expérience si chèrement achetée, inviolable et sainte, ouverte de toutes parts, comme la Suisse, ton heureuse voisine, au travail, à la science, au commerce, comme elle fermée à la violence et à la convoitise. Qu'ainsi, reprenant, pour ne plus le quitter, ton rôle bienfaisant, modèle de prospérité laborieuse et de persévérante probité, tu nous montres ce que nous aurions mieux fait d'apprendre depuis longtemps de toi, l'industrie, l'étude, la modération, la paix, le pardon enfin, dont nous avons tous si grand besoin. Que ton sol béni, sous cette loi nouvelle, devienne le premier anneau de la confédération sainte de la civilisation humaine et chrétienne, le noyau d'une zone de neutralité chaque jour plus étendue et plus assurée, — tampon élastique d'abord entre les chocs trop à redouter encore, puis, peu à peu, ferment fécond d'apaisement et de réconciliation. Qu'à toi enfin soit réservé l'honneur de triompher à la fois et des vainqueurs et des vaincus, en confondant dans un même idéal de sagesse et de justice, et l'orgueil inflexible des uns, et les trop légitimes ressentiments des autres.

Alors il pourra, suivant le vœu du poëte :

> Rouler, libre et superbe, entre ses larges rives,
> Ce Nil de l'Occident, coupe des nations,
> Et des peuples assis qui boivent ses eaux vives
> Emporter les défis et les ambitions.

Alors ce ne sera plus par quelque fragile assemblage de bateaux, chaque jour menacé par la fonte des neiges ou par l'amoncellement des glaces ; ce ne sera plus même par les plus merveilleux édifices de fer et de pierre,

> Ces ponts qu'un peuple à l'autre étend comme une main,

que se verront à l'envi réunir ceux que ses eaux ont trop longtemps divisés !

Ce sera un vivant réseau de cœurs et d'esprits qui deviendra, non plus un trait d'union seulement, mais un lumineux foyer de vie commune et de vie meilleure. Alors, comme la Mère de douleurs, devenue au prix de ses douleurs la Mère de bénédiction et d'amour, tu tiendras sous ton talon le serpent qui trop cruellement l'a mordu, le démon de la haine et de la discorde. Et toi, qui à cette heure gémis si cruellement sous le dur joug prussien, toi qui, à d'autres heures, as pu trouver non moins dur le joug français, et dont l'image, dans ce Paris même qui te pleure, est encore représentée enchaînée aux pieds de notre Louis XIV, c'est toi qui tiendras les âmes enchaînées et heureuses de leurs chaînes : c'est toi qui seras saluée, de siècle en siècle, comme l'ange de la réconciliation, comme l'initiatrice de la vraie gloire, comme le type de la solide grandeur.

Telle est, après mon souvenir, mon espérance. Tel est mon vœu, mon rêve; puisse-t-il ne pas être, comme celui qui jadis m'avait appelé sur ton sol, une illusion, bientôt détruite par les sanglantes réalités d'un horrible réveil !

Frédéric Passy.

Dernière Parole

L'ALSACE[1]

Jeune fille des champs, pâle et pourtant robuste,
Quel secret caches-tu d'amour et de douleur
Sous ce lin noir croisé chastement sur ton buste,
Et qui semble un linceul enveloppant ton cœur ?

Que cherchent tes regards douloureux, mais avides ?
Vierge, si c'est l'amour, tu le retrouveras.
Pourquoi laisser tomber tristement tes mains vides,
Comme si l'Espérance eût glissé de tes bras ?

Ton fiancé sans doute est parti pour la guerre,
Tu l'attends, anxieuse, et depuis bien longtemps ?
— Je m'appelle l'Alsace orpheline, et j'attends,
Non pas mon fiancé, mais la France, ma mère !

Louis Ratisbonne.

[1] Ces vers ont été inspirés à M. Ratisbonne par le beau dessin de M. Henner, placé en tête de ce volume.

TABLE

Résolution du Comité de la Société des gens de lettres......
GEORGES SAND, Lettre à la Société des Gens de lettres....... 3
VICTOR HUGO, Alsace et Lorraine........................ 7
HENRI MARTIN, Souvenirs d'Alsace et de Lorraine, notes de voyage... 15
PAUL FÉVAL, Madame Joyeux............................ 31
AMÉDÉE ACHARD, Une Nuit à Saint-Avold................ 39
PHILARÈTE CHASLES, les Villes libres d'Alsace............ 69
FRANÇOIS COPPÉE, le Canon............................ 85
COMTESSE DE MIRABEAU, la Légende de Ludre.............. 91
ARMAND DE PONTMARTIN, le Rhône et le Rhin............. 105
ALFRED ASSOLANT, le Retour... 117
ARSÈNE HOUSSAYE, l'Amour dans la mort 131
AUGUSTE BARBIER, le Coup de hache................... 139
ERCKMANN-CHATRIAN, le Secret des monarchistes........... 141
FRÉDÉRIC THOMAS, A propos des orphelins d'Alsace et de Lorraine..................................... 163
HECTOR MALOT, l'Alsacienne............................ 167
THÉOPHILE GAUTIER, la Statue de Strasbourg............. 181

TABLE.

Mme Anaïs Ségalas, Une Famille lorraine............... 187
Mme L. Gagneur, Une Grande Patriote................. 193
Ludovic Halévy, 9, rue de Provence.................... 213
Théodore de Banville, la Bonne Lorraine.............. 221
Édouard Thierry, Andrieux............................ 227
Élie Berthet, la Cigogne (nouvelle)................... 253
P. L. Jacob (bibliophile), le Procès de Guttemberg à Strasbourg... 267
E. Legouvé, Une Vengeance............................ 293
Francis Wey, Martin Schongaüer...................... 295
Edmond About, les Œufs de Pâques................... 307
Frédéric Passy, A l'Alsace, un souvenir et une espérance.. 313
Louis Ratisbonne, l'Alsace............................ 329

A L'ŒUVRE SYMPATHIQUE

DE

L'OFFRANDE

DE LA

SOCIETÉ DES GENS DE LETTRES

ONT CONCOURU

AVEC LE MÊME SENTIMENT PATRIOTIQUE

MM. :

Adolphe Henner, artiste peintre;

Charles Marchal, artiste peintre;

Léopold Flameng, graveur;

Rajon, graveur;

A. Salmon, imprimeur en eaux-fortes;

Gauthier-Villars ✳, imprimeur de l'École polytechnique;

André Burdin, prote;

Henri Kirbiller, de Strasbourg, sous-prote;

Prioux et Olmer, marchands de papiers.

www.ingramcontent.com/pod-product-compliance
Lightning Source LLC
Chambersburg PA
CBHW072009150426
43194CB00008B/1052